JN441173

다림인성학교 ⑥
정의,
모두에게
같은 의미일까?

다림인성학교 ❻

정의, 모두에게 같은 의미일까?

초판 1쇄 발행 2026년 2월 12일

글쓴이 오늘
그린이 수련

편집장 천미진 | 책임편집 김현희 | 편집 최지우
디자인 최윤정 | 마케팅 한소정 | 경영지원 한지영

펴낸이 한혁수 | 펴낸곳 도서출판 다림 | 등록 1997. 8. 1. 제1-2209호
주소 07228 서울시 영등포구 영신로 220 KnK 디지털타워 1806호
전화 02-538-2913 | 팩스 070-4275-1693 | 전자 우편 darimbooks@hanmail.net
블로그 blog.naver.com/darimbooks | 다림 카페 cafe.naver.com/darimbooks

ISBN 978-89-6177-364-5 (73300)
ISBN 978-89-6177-365-2 (세트)

제품명: 정의, 모두에게 같은 의미일까? | **제조자명:** 도서출판 다림 | **제조국명:** 대한민국
전화번호: 02-538-2913 | **주소:** 서울시 영등포구 영신로 220 KnK 디지털타워 1806호
제조년월: 2026년 2월 12일 | **사용연령:** 10세 이상
※KC마크는 이 제품이 공통안전기준에 적합하였음을 의미합니다.

⚠ 주 의
아이들이 모서리에 다치지 않게 주의하세요.

다림인성학교 ❻

정의, 모두에게 같은 의미일까?

다림

잘못된 일을 봤을 때, 어떤 규칙을 정할 때,
‘무엇이 옳을까?’, ‘어떻게 판단할까?’
고민하는 그 마음에서 정의는 시작돼요.

● 작가의 말 ●

“정의는 세상을 바꾸는 살아 움직이는 힘이야.”

우리는 날마다 학교와 집에서 크고 작은 선택을 해요. 잘못된 걸 봤을 때 어떻게 행동할지, 친구들과 놀 때 어떤 규칙을 만들지, 부모님과 생각이 다를 때는 어떻게 해야 할지 말이에요. 그때마다 “무엇이 올바른 판단일까?” 하고 고민하게 됩니다. 정의는 이렇게 늘 우리 일상에 있어요.

어느 겨울, 우리 사회는 큰 혼란을 겪었어요. 그때 수많은 시민이 추운 거리로 나와서 “정의로운 사회를 되찾자!”라는 마음으로 함께 걸었어요. 반짝이는 응원봉과 재치 넘치는 깃발들이 가득한 거리는 마치 큰 축제 같았지요. 그 모습을 보며 저는 깨달았어요. 정의는 책 속에 들어 있는 어려운 말이 아니라, 사람들이 서로를 도우려고 행동할 때, 세상을 더 좋게 만들고 싶어 할 때 살아 움직이는 힘이라는 것을요.

정의로운 판단을 하는 힘은 스스로 길러야 해요. 때로는 주변 사람들의 말과 행동이 우리에게 큰 영향을 줘요. 같은 생각을 계속 듣다 보면, 다른 의견이 틀린 것처럼 느껴질 때도 있지요. 그래서 우리는 더 넓게 보고, 여러 목소리에 귀를 기울이며, 몰랐던 것을 배우는 마음을 가져야 해요.

또한 정의는 하나로 딱 정해져 있는 것이 아니에요. 시간이 지나고 사회가 변하면, 예전에는 괜찮다고 여겼던 일이 지금은 불공정해 보일 수도 있어요. 그래서 우리는 무엇이 옳은지 계속 생각하고, 침묵하지 않아야 해요. 잘못된 것은 조금씩 고쳐 나가야 하지요.

이 책은 제가 어린이들과 나눈 대화에서 시작되었어요. 어떤 어린이는 날카로운 질문으로 새로운 관점을 열어 주었고, 또 어떤 어린이는 정의로운 대답으로 깨달음을 주었어요. 그 자리에서 바로 답하지 못해 오래 고민한 적도 있어요. 그런 순간마다 저는 어린이 여러분이 정의를 함께 배우는 소중한 선생님이라고 생각하게 되었답니다. 그때 미처 하지 못했던 이야기들을 이 책에 담으려 노력했어요. 이제 여러분과 함께 정의가 우리 삶에서 왜 중요한지, 어떤 역할을 하는지 차근차근 살펴보려고 해요.

“무엇이 정의로울까?”, “공정하다는 것은 어떤 걸까?” 이 질문의 답을 함께 생각해 보세요. 불편한 문제를 외면하지 않고 마주할 때, 용기 있게 질문하고 행동하여 상황을 바꾸어 나갈 때, 지금보다 더 따뜻하고 정의로운 어린이가 될 수 있을 거예요. 이 책이 여러분이 발견하고 만들어 갈 ‘정의’에 힘을 실어 주는 지지자가 되기를 바랍니다.

오늘

차례

3. 정의란 규칙이다

4. 정의란 사랑이다

5. 정의란 무기이다

6. 정의란 일상이다

1. 정의란 무엇인가

정의에 관한 너와 나의 생각 · 홍길동, 호부호형의 한을 품다 · 정의를 위해서일까, 이익을 위해서일까? · 다수의 행복을 위한 선택은 무조건 옳을까?

정의에 관한 너와 나의 생각

어느 날 다림이네 학교 앞에 '어린이 안심 승하차 구역'이 생겼어. 그동안 자동차를 타고 교문 앞까지 오는 학생들이 늘어서 등굣길이 복잡하고, 규정 속도를 지키지 않는 차들 때문에 위험했거든. 하굣길에는 여러 학원에서 세워 둔 승합차 때문에 사고가 날 뻔도 했지. 그래서 모두의 안전을 위해 학교 가까운 곳에 차를 세우고 탈 수 있는 구역을 지정한 거야.

등하굣길에서 사고 위험이 줄고, 길도 넓어져서 대부분이 좋아했어. 하지만 불공평한 규칙이라고 불만을 느끼는 사람도 있었어. 이전에는 짐이 많을 때나 날씨가 좋지 않을 때 교문 앞까지 차를 타고 왔는데 지금은 못 해서 불편해졌다는 거지. 교통질서를 지키지 않은 사람 때문에 규칙을 지키던 사람이 억울해진 거래. 어떻게 생각해? 누군가 규칙을 지키지 않거나, 특별한 대우를 받을 때 불편해하는 감정은 비슷할 수 있어. 하지만 같은 상황을 겪어도 사람마다 바라보는 시선은 제각각이야. 그래서 정의로운 규칙이 필요하다고 생각하나 봐. 그럼 우리는 왜 같은 상황을 두고 '정의롭다.', '정의롭지 않다.'라고 다르게 판단하는 걸까? 개인의 기준에 따라 정의로움은 바뀔 수 있는 걸까?

그 질문에 답하기에 앞서 '정의'의 뜻부터 생각해 보자. '정의란 무엇일까?'라고 물어보면 뭐라고 할 것 같아? 평소에 '정의'에 대해 생각해 본 적 있다면 떠오르는 걸 한번 써 보자.

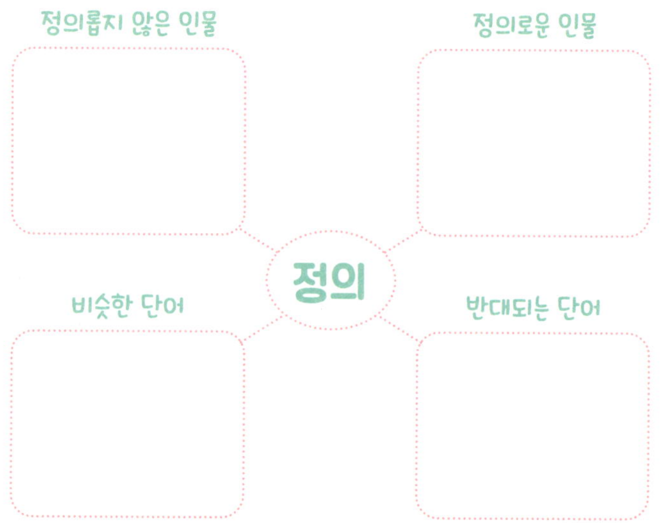

정의는 개인 간의 올바른 도리 또는 사회를 구성하고 유지하는 공정한 도리를 말해. 사람들이 지키고자 하는 올바른 가

치이기도 해. 정의를 이야기하다 보면 따라오는 개념이 '공정'이야. 한쪽으로 치우치지 않아서 공평하고 올바른 태도나 방식을 뜻하지. 어떤 규칙이나 기준을 정할 때 누구에게나, 어떤 상황에서나 동등하게 적용되어 다툼이 없도록 하는 것으로 생각하면 쉬워. 공정한 과정에 따라 정의로운 결과가 나올 수 있기 때문에 이 두 낱말은 떼려야 뗄 수 없이 붙어 다녀.

같은 질문을 다른 어린이들에게 해 봤더니 다음과 같은 대답이 나왔어. 먼저 평등, 정직, 공평, 진실, 도덕, 규칙, 책임감, 양심, 판사, 헌법, 판결, 올바른 판단 등의 표현을 썼어. 어린이들은 '정의'를 옳고 그름을 판단하는 기준이자, 도덕과 규칙, 법을 지키는 태도로 이해하고 있는 것 같지? 정의로운 인물로는 미디어 속의 영웅을 꼽기도 했지만, 판사, 경찰관, 소방관, 부모님, 선생님처럼 어린이 주변의 인물을 꼽기도 했어. 반면 정의롭지 않은 것으로는 불공평, 독재, 거짓, 차별, 폭력, 악당, 도둑, 사기꾼 등을 언급했지.

그리고 '정의'를 단순히 법과 규칙으로만 바라보지는 않았어. 정의와 비슷한 단어로 행복, 다정, 진심, 용기, 희망, 기부, 도움, 효도처럼 긍정적이고 따뜻한 말도 썼거든. 또 착한 사람, 남을 도와줌, 배려심, 희생과 같은 표현에서 다른 사람을 돕거나 배려하는 행동이 정의로운 사회에 필요하다고 생각했음을 알 수 있어. 즉, 어린이들이 바라보는 정의는 '옳고 그름'만 따지는 것이 아니라 '함께 살아가는 방법'을 고민하는 따뜻한 개념이야.

홍길동, 호부호형의 한을 품다

임꺽정, 장길산, 홍길동. 한 번쯤 들어 본 이름이 있지 않니? 그럼 공통점이 무엇인지도 알겠네? 그래. 의적(義賊)이야. 옳을 의(義) 자에 도적 적(賊). 국어사전에는 '탐관오리들의 재물을 훔쳐다가 가난한 사람을 도와주는 의로운 도적.'이라고 풀이되어 있어. '정의를 위한 마음'과 '남의 물건을 훔치는 사람'이 만난 단어라니 모순이잖아? 아무튼 활약한 시기도 신분도 다르지만, 이들은 조선 시대에 활약한 의적이라는 공통점이 있어.

그중 가장 익숙한 인물인 홍길동 이야기를 해 볼게. 홍길동은 조선 연산군 때 활약한 실존 인물을 토대로 작가 허균이 쓴 소설 속 주인공이야. 양반인 아버지와 첩인 어머니 사이에서 태어나서 호부호형(呼父呼兄)을 못 하는, 즉 아버지를 아버지라 부르지 못하고, 형을 형이라 부르지 못하는 서러움을 품고 살았어. 아버지를 대감님이라고 부르는 거, 요즘으로 치면 아버지에게 시장님, 장관님, 하는 거지. 물론 요즘은 신분 제도가 없긴 하지만.

조선 시대는 양반, 평민, 천민, 신분에 따라 차별이 엄격한 사회였어. 권리와 의무, 직업 등 모든 것이 신분에 따라 정해져 있었지. 그래서 홍길동처럼 본부인이 아닌 첩에게서 태어난 서자는 자식들 사이에서도 차별을 받았고, 출세도 쉽지 않았어. 개인의 능력으로 인한 차이도 아니고, 단지 타고난 배경 때문에 기회가 주어지지 않은 거야.

사회 제도가 불공정해도 조선 사람 대부분은 자신의 운명이라 여기고 순응하며 살았어. 그러나 홍길동은 달랐어. 자기가 원해서 서자로 태어난 건 아니잖아. 꿈도 못 꾸는 삶이 얼마나 답답하고 한스러웠겠어. 심지어 홍 판서의 또 다른 첩인 초란은 홍길동을 죽이려고 밤중에 자객까지 보냈다니까? 홍길동은 이대로 살면 아무것도 이룰 수 없다고 생각한 끝에, 제도에 저항하기를 택하지. "소자 지금은 집을 떠나지만 언젠간 돌아올 것입니다." 선언하고 집을 떠나. 세상이 바뀌지 않는다면 내 방식대로 정의를 이루리라 마음먹은 거야.

집을 나온 홍길동은 도적 무리에 들어갔어. 탐관오리를 벌주고 부자들의 재물을 빼앗아 백성들을 도우며 이름을 날렸지. 임금과 양반들은 골머리를 앓았고 백성들은 환호했어. 홍

길동이 몸담은 '활빈당'은 부자의 재물을 빼앗아다가 가난한 사람을 도와주기 위하여 만들어진 도적 무리라는 뜻이야. 백성들은 그들을 영웅으로 생각했을 수 있겠지?

임금은 홍길동을 잡으려고 갖가지 수를 썼지만 바람과 비를 조종하고 둔갑술로 사람을 속이는 홍길동에 두 손 두 발을 다 들고 말았어. 결국 포기하고 홍길동이 원하는 바를 들어주겠다고 설득했어. 홍길동은 임금이 내린 병조 판서 벼슬을 받았고 조선을 떠났어. 그리고 율도국을 정벌하여 왕이 되었어. 여기까지 읽으면 '오, 역시 의적이군!' 하게 되거든. 그런데 율도국 정벌에 공을 세운 주변인에게 벼슬을 나눠 주고 장남에게

왕의 자리를 물려주었어. 결말까지 다 읽고 난 독자는 홍길동이 개인의 사사로운 이익인 '사익'을 앞세운 인물인지, 백성을 위한 큰 뜻인 '대의'를 실현한 의적인지 고민하는 거야.

"홍길동의 사연은 안타깝지만, 결국 범죄자 아니에요?"

"자기가 왕 되려고 떠난 거네요? 진짜 정의로운 도적이 맞아요?"

아니라고 할 수는 없어. 하지만 당시 사회 제도와 백성의 처지를 헤아려 보면 홍길동의 행동을 조금은 이해할 수 있어. 그럼 당시 조선 시대를 조금 더 들여다볼까?

정의를 위해서일까, 이익을 위해서일까?

조선은 양반 중심의 신분제 사회였고 백성들은 벼슬할 기회를 얻지 못했어. 아니, 제도상으로는 평민도 과거 시험을 볼 수 있었지만 먹고살기도 바쁘고 힘든데 공부할 시간이 있었겠어? 양반들이야 가지고 태어난 신분과 조상의 재산 덕에 일하지 않아도 먹고살 수 있으니 시간은 차고 넘쳤단 말이지. 그것만으로도 이미 불공평한데, 평민들이 뼈 빠지게 일해 모은 재산을 탐관오리들이 빼앗아 가는 일도 허다했지 뭐야. 그러니 백성들은 누군가 대신 나서길 바랐던 건 아닐까? 법과 제도가 정의롭지 못해도 어찌할 힘이 없으니까 부조리한 세상에 맞서고, 약자를 돕고, 자기들 대신 양반을 응징해 주는 의적의 활동에 대리 만족한 거지.

우리는 어떤 사람이 정의로운지 판단할 때 그 사람이 자신만을 생각했는지 아니면 더 많은 사람의 이익을 생각했는지 따져 보곤 해. 홍길동은 호부호형을 못 하고 출세할 수 없다는 이유로 도적의 길을 선택했어. 개인적인 억울함과 원한에서 비롯되었기에 결과는 정의로울지 몰라도 '사익'이 앞섰다고 여길 수 있어. 권력자들에게 능력을 과시하고 싶은 마음이 원동력이 되었다고 볼 수 있기 때문이야. 물론 조선 사회의 부조리를 바로잡으려 했으며, 율도국에서는 능력에 따라 관직을 주는 제도를 마련한 것도 맞아. 그렇지만 율도국도 신분제 사회였어. 이왕 새 나라를 세운다면 조선과 다른 새로운 정치 체제를 만들고, 신분 제도를 없애고 더 공정한 제도를 갖춘 사회를 만들 수 있지 않았을까 아쉬움이 생기지.

누군가는 다르게 생각할 수 있어. 홍길동은 '대의'를 더 중요하게 생각했다고 말이야. 그렇지 않았다면 부잣집이고 평민 집이고 가릴 것 없이 도적질해서 자기들끼리만 잘 먹고 잘살았을 텐데, 탐관오리나 못된 양반들의 재물만 빼앗아 가난한 백성들에게 나눠 주었잖아. 그건 부패한 지배층에 대한 저항이자 백성들을 위한 정의로운 행동으로 해석할 수 있다는 거야. 정말 사사로운 욕심이 앞섰다면 임금에게 받은 벼슬로 조선에서 떵떵거리며 살았겠지. 또한 율도국에는 탐관오리나 부패한 양반층이 없었던 점, 백성들이 태평성대를 누리도록 나라를 잘 다스렸다는 점, 차별과 부조리가 없는 사회를 실현했다는 점에서 홍길동을 정의로운 지도자로 보는 거야. 자신처럼 억울하게 차별받는 사람이 없었으면 좋겠다는 사익이 정의로운 나라를 만든 대의로 발전한 거지.

따라서 누군가의 행동이 정의로운지 아닌지 판단할 때 동기나 목적, 결과까지 함께 살펴보는 태도가 필요한 거야. 백성들의 목소리가 임금에게 가닿지 않았기에 무력으로 저항할 수밖에 없었어. 그 저항이 조선 사회를 근본적으로 개혁하는 데 성공하지 못했으니 홍길동은 범죄자일 뿐일까? 하지만 합법적으로 변화를 이끌어야 할 양반들이 부패해서 권력을 장악하고,

제도를 입맛대로 바꾸고 있었으니 평화로운 투쟁이란 불가능한 일이었어. 요즘이라면 홍길동은 평등한 사회를 꿈꾸고 사회적 약자를 보호하기 위해 연대 정신을 발휘한 혁명가나 사회 활동가일 거야.

다만 작가 허균이 양반이었기에 정의로운 세상에 대한 시선은 오늘날과는 좀 달랐어. 조선 사회의 부조리함을 해결하기 위해서는 양반들이 부정부패를 저지르지 않고 백성들을 잘 다스려야 한다고 여겼어. 신분제라는 체제에 저항하거나 없애는 것이 아니라 신분에 따른 처지와 형편을 개선해야 한다는 생각이 강했어. 그러니 홍길동 자체가 정의로운 인물이다, 아니다 단정하기보다 작가가 이야기를 통해 정의롭지 못한 사회를 꼬집었다고 해석해 보면 어떨까?

다수의 행복을 위한 선택은 무조건 옳을까?

홍길동의 선택은 대의의 관점에서 보면 정의로운 사회를 만들기 위한 것이고, 다수의 행복을 위한 것이었어. 그럼 이 상황도 한번 생각해 보자.

한 사람이 자율 주행 자동차를 타고 도로를 달리고 있는데 브레이크가 고장이 났지 뭐야. 앞쪽에는 사람들이 횡단보도를 건너고 있어. 자율 주행 자동차가 핸들을 안 꺾으면 사람들이 목숨을 잃게 돼. 핸들을 틀어서 경로를 바꾸면 탑승자가 목숨을 잃지. 이런 상황이 닥치면 자율 주행 자동차는 어떤 선택을 하도록 설계하는 것이 맞을까?

"방향을 바꿔서 시민을 살려야지. 무조건 보행자가 우선!"

"사고가 났을 때 보행자를 보호하면 누가 그 차를 사겠어? 더구나 아이나 가족이 타고 있으면 어떡하고?"

의견은 각자 다를 수 있어. 이 상황은 '트롤리 딜레마'라는 정의에 관한 유명한 실험 내용을 재구성한 거야. 딜레마는 선택해야 할 길은 두 가지 중 하나로 정해져 있는데, 그 어느 쪽을 선택해도 바람직하지 못한 결과가 나오는 곤란한 상황이라는 뜻이야. 이 논쟁에서는 가능한 한 많은 사람을 살려야 한다는 의견과 한 사람의 목숨도 소중하다는 의견이 맞서곤 해. 무엇을 선택해도 곤란한 상황이 발생하기 때문에 의견을 모으기 어렵지.

대체로 다수를 살리고 소수가 희생하는 게 맞는 선택이라고 해. 정말 소수가 희생하는 건 당연할까? 더 많은 사람을 살렸다고 그 결정이 옳을까? MIT에서 발표한 논문에 따르면 이와 관련된 설문 조사 결과에서 70퍼센트 이상의 응답자가 보행자를 살리는 방향으로 핸들을 틀도록 프로그래밍하는 게 옳다고 대답했어. 하지만 가족이 타도 그렇게 선택하겠느냐는 질문에는 부정적인 응답이 늘었어. 이 결과만 봐도 도덕적으로 옳다고 생각하는 것과 별개로 딜레마가 발생하는 걸 알 수 있지.

따라서 중요한 건, 누가 옳고 틀렸는지가 아니라 어떤 선택이 정의로운지에 관해 이야기하는 과정이라고 할 수 있어. 의견이 서로 부딪칠 때 어떻게 하면 최선의 결과를 만들 수 있는지 서로 고민하는 시간이 필요하다는 거지. 보통 어떤 결정을 할 때는 "다수결로 공평하게 정하자.", "되도록 많은 사람이 동의하는 것이 옳잖아."라고 말해. 다수가 행복해하면 좋은 결정이라고 생각하기 때문이지.

이렇게 생각하는 사람을 '공리주의자'라고 해. '공리'는 행복이나 이익을 뜻하고, 공리주의자는 최대한 많은 사람에게 좋은 결과를 가져오는 결정이 옳다고 생각해. 공리주의자는 '최대 다수의 최대 행복'을 추구하며, 소수가 희생하더라도 되도록 많은 사람을 행복하게 만드는 행동을 정의롭다고 여겨. 하지만 그 희생을 당연하게 여기는 생각이 꼭 정의롭다고 할 수는 없어. 그 선택 때문에 소수가 고통을 받거나 불이익을 당하거나, 억울한 일을 겪을 수 있거든.

예를 들어 어떤 마을에 공원을 없애고 주차장을 만들기로

했는데, 100명 중 90명이 찬성하고 10명이 반대한대. 그 10명은 주차장이 생기면 불이익을 받는 사람들이야. 갑자기 놀 곳이 사라진 어린이와 보호자들은 곤란해졌지만 대다수는 좋아했지. 또, 사람이 30명인데 사탕이 29개밖에 없어. 이때 사탕을 하나씩 받는 29명은 기뻐하겠지만 한 명은 속상하겠지. 이 상황에서 공리주의자는 "대부분이 좋아하니까 괜찮아."라고 생각해.

하지만 소수에 포함된 사람의 마음은 누가 헤아려 줄까? 공리주의는 많은 사람을 행복하게 하려는 좋은 생각이지만, 그 과정에서 누군가의 고통이나 희생이 당연해질 위험이 있

어. 다수의 행복에 소수의 고통이 가려질 수도 있다는 것이 공리주의의 한계인 거지.

그럴 때 용기 내어 "다른 방법을 조금 더 생각해 볼까?"라고 말할 수 있어. 다수의 행복과 이익만 생각할 게 아니라 소수도 존중받고 보호받는지 함께 살펴보는 거지. 트롤리 딜레마도 마찬가지야. "5명을 살리기 위해 한 사람을 희생시켜도 될까?"라는 질문을 받았을 때, 다수를 위한 결정이니 옳다고 말하기에 앞서 그 선택이 소수에게 어떤 영향을 주는지 같이 생각해 봐야겠지.

또한 공리주의자는 어떤 행동이 옳은지보다는 얼마나 많은 사람을 행복하게 만들었는지 결과를 더 중요하게 여겨. 거짓말을 해서 모두가 기뻐했다면 공리주의자는 "결과가 좋으니까 괜찮아."라고 한다는 거지. 많은 사람을 기쁘게 했다지만, 거짓말이 나쁜 행동인 건 분명하잖아. 이처럼 결과가 좋아도 과정이 옳지 않을 수 있어. '다수를 위해'라는 이유로 나쁜 일도 눈감아 줄 수 있을까? 내가 희생을 강요받는 소수자라면 기분이 어떨까? 무엇이 옳은 결정인지, 정의란 무엇인지, 그건 누가 정하는지 더 알고 싶다면, 다음 장을 펼쳐 보자.

철학자들이 정의한 정의

정의는 사회의 질서를 유지하는 데 가장 중요한 생각이고, 마땅히 지켜야 하는 가치이기도 해. 그래서 동서양을 막론하고 철학자들은 '정의'에 대해 논했어. 서양의 철학자들은 정의론을 시대별로 발전시켰는데, 이 책에서 주로 언급할 서양의 대표적인 철학자들인 플라톤과 아리스토텔레스부터 칸트, 밀, 롤스가 정의에 대해 어떻게 이야기했는지 살펴보자.

플라톤은 《국가》라는 책에서 통치자, 수호자, 생산자 계층이 각자 자기가 맡은 역할을 충실히 할 때 정의로운 사회가 이루어진다고 했어. 사회의 구성원인 개인은 지혜, 용기, 절제라는 세 가지 덕목이 조화롭게 균형을 이루도록 노력해야 정의롭다고 했지.

아리스토텔레스는 각자에게 알맞은 몫을 주는 것이 정의라고 했어. 모두에게 똑같이 나누어 주는 것이 아니라 능력에 따라 분배해 주는 거야. 또 불공정한 이득이나 손해를 바로잡고, 법을 잘 지켜야 공정함과 균형을 지킬 수 있다고 했어.

칸트는 '정언 명령'을 강조했어. 개인이 정한 도덕적 원칙이 모두가 받아들일 만한 정의로운 원칙이어야 한다는 말이야. 나의 자유를 지키면서도 다른 사람의 자유를 존중할 수 있는 보편적이고 합리적인 원칙을 따르는 것이 정의롭다고 했지.

공리주의자인 밀은 '최대 다수의 최대 행복'을 실현하는 것이 정의라고 했어. 되도록 많은 사람이 행복해지는 사회가 정의롭다고 생각한 거야. 다만 개인의 행복이 전체의 행복과 조화를 이루어야 한다고 했어. 즉, 개인의 자유와 권리, 행복이 중요한 만큼 다른 사람들의 자유와 권리도 존중해야 한다고 주장했어.

롤스는 '공정으로서의 정의'를 말했어. 모두가 자기의 사회적 위치를 모르는 '무지의 베일(장막)' 뒤에서 사회의 기본 원칙을 정한다고 가정하고, 기본적인 자유와 균등한 기회를 보장해야 한다고 주장했어. 또 불평등은 사회에서 가장 불리한 위치에 있는 사람들에게 이득이 될 때만 허용되도록 원칙을 정했지.

철학자마다 정의에 관한 생각은 조금씩 달라. 사람의 생각이 제각각이니 한 가지로 답할 수 없겠지? 이들 말고도 많은 철학자가 정의를 논하고 있어. 여러 철학자의 고민이 정의의 길을 찾아가는 데 길잡이가 되어 줄 거야.

다수의 행복을 위해서라면 소수를 희생해도 괜찮을까?
정의롭다는 건 착하다는 걸까?
정의로운 세상에서는 모두 행복할까?
죄를 저지른 사람을 용서해야 할까?
z z z

2. 정의란 나누기다

내가 살아갈 세상에 규칙을 만든다면 · 혼자 가면 빨리 가지만 함께 가면 멀리 간다 · 과정이 공정하면 결과도 정의로울까? · 양극화는 갈등과 분열을 만들어

내가 살아갈 세상에 규칙을 만든다면

사람은 태어날 때 자신이 어떤 환경에서 살아갈지 모르는 상태로 세상을 만나잖아. 부유한 가정에서 태어날 수도 있지만, 가난한 가정에서 태어날 수도 있어. 장애를 가지고 태어날 수도 있고, 장애가 없이 태어날 수도 있어. 부모님이 모두 계실 수도 있고, 안 계실 수도 있어. 그런 상태에서 앞으로 자기가 살아갈 사회의 규칙을 정해야 한다면 어떻게 할 것 같아? 모두에게 똑같은 규칙을 적용하는 게 정의로울까? 아니면 여러 상황에 놓인 사람들이 모두 잘살 수 있도록 규칙을 보완하는 게 정의로울까?

재화는 사람이 살면서 갖고 싶어 하는 물건을 뜻해. 재화는 한정적인데 원하는 사람이 많으면 갈등이 생기겠지? 그렇다면 어떤 기준으로 분배해야 모두에게 공정하게 나누어 줄 수 있을까? 예를 들면 친구 넷이 케이크 한 판을 나누어 먹기로 했을 때, 네가 케이크를 자른다면 어떻게 할 것 같니?

존 롤스라는 철학자는 재화를 나누는 공정한 기준을 고민했

케이크 칼 가져왔어.
맛있겠다.
스륵
그런데 어떻게 자르지?
무조건 똑같이!
대충 자르고 가위 바위 보로 고르자.
난 딸기 많이!
그럴 때는 자르는 사람이 가장 마지막 조각을 가져가면 공평하게 나눠 먹을 수 있어.
내가 마지막에 가져가니까 최대한 똑같은 크기로 잘라야지.

어. 롤스 이전의 철학자들은 각자가 빵을 몇 개씩 나누어 가져야 하는지 몫에 집중했다면 롤스는 누구에게 빵을 어떻게 나누어 줘야 하는지 방식을 고민했어. 사람마다 처지가 다르므로 똑같이 나누는 방식으로는 공정하게 분배할 수 없다고 본 거야. 더 필요한 사람, 더 배가 고픈 사람, 더 약한 위치에 있는 사람들을 보호하기 위한 분배 기준과 절차를 마련해야 한다고 했지.

우선 롤스는 한 가지 상황을 가정했어. 사람들이 자기가 가난한지 부자인지, 남자인지 여자인지, 똑똑한지 아닌지, 태어난 곳이 어디인지 모르는 장막 뒤에 서 있는 거야. 그곳에서는 자신이 앞으로 어떤 모습으로 살아갈지 모르기 때문에 최대한 많은 사람에게 불리하지 않도록 공정한 사회의 원칙을 만들게 될 거야.

첫 번째는 평등한 자유의 원칙이야. 모든 사람은 자기가 사는 사회에서 기본적인 자유와 권리를 누릴 수 있다는 원칙이야. 예를 들어 누구나 정치 활동에 참여하고, 자기 의견을 자유롭게 표현하며, 재산을 가질 권리 등이 있지. 이런 자유가 보장되지 않는 사회는 정의롭다고 할 수 없어.

두 번째는 기회균등의 원칙이야. 모든 사람은 태어난 배경이나 사회적 신분 때문에 기회를 잃어서는 안 된다는 원칙이야. 예를 들어 누구나 공부를 하고, 시험을 볼 자유와 권리가 있어. 하지만 우리나라만 해도 돈이 없으면 학교에 못 가는 시대가 있었어. 이런 사람을 위해 중학교까지는 나라에서 의무교육을 시행하고, 여러 장학금 제도를 마련해서 학업을 이어갈 기회를 보장하려고 해. 그렇지만 아무리 기회를 균등하게 맞춘다고 해도 불평등이 생길 수 있어.

그래서 세 번째 차등의 원칙이 있어. 어느 사회든 불평등은 존재할 수 있어. 하지만 그 불평등이 사회에서 가장 취약하거나 불리한 위치에 있는 사람들에게 도움이 된다면 정의롭다는 거야. 예를 들어 부자가 세금을 더 많이 내고 그 세금으로 도움이 필요한 사람을 지원한다면, 세금에 차등을 두는 불평등은 정의로워.

몇 년 전 코로나바이러스가 한창 유행했을 때 대부분의 학교에서 온라인 수업을 했지만, 학생들의 학습 환경이 제각각이어서 어려움이 컸지. 정부에서는 학생들 모두에게 스마트기기를 제공해 주었어. 하지만 그걸로 학습권이 보장된 건 아니었어. 어떤 학생은 공부할 수 있는 자기 방이 있지만, 어떤 학생은 집안 환경이 공부하기에 적합하지 않았어. 조건을 맞추었다고 해도 바꾸기 힘든 상황이 있잖아. 그럴 때는 맞춤형 지원이 필요해. 예를 들면 도서관이나 학교에서 학습 장소를 만들어서 공부에 집중할 수 있는 환경을 제공해 주는 거지. 즉, 약자를 보호하는 정책은 특혜를 주는 것이 아니라, 불리한 조건을 보완해 출발선을 동등하게 맞춰 주는 거야.

혼자 가면 빨리 가지만 함께 가면 멀리 간다

“나쁜 짓을 한 것도 아닌데 부자라고 손해 봐야 하나요?”

“내가 노력한 결과인데, 나눠 주는 건 불공평해요!”

그래, 그렇게 생각할 수 있어. 자기 능력으로 좋은 학교에 가고 재산을 갖거나 성공하는 게 정의롭지 못하다는 건 아니야. 다만 롤스는 부유한 가정에서 태어나서 우수한 교육을 받고 좋은 직업을 갖는 건 특권이 작동한 거라고 봤어. 사회에서 가장 취약하거나 불리한 위치에 있는 사람을 위하는 건 최소한 그들도 똑같은 출발선에 설 수 있게 해서 기회를 동등하게 보장하려는 거지. 불평등이 약자들에게 도움이 되는 방식으로 조정되고, 그런 사회를 만들기 위한 제도와 정책을 마련해야 누구든지 노력하면 더 나은 위치로 올라갈 수 있지.

어떤 학자가 아프리카의 한 마을에서 아이들과 달리기 게임을 했어.

“저 나무까지 가장 먼저 도착한 사람이 과일을 다 먹는 거야!”

그런데 학자의 말에도 아이들은 약속이나 한 듯이 손을 잡고 함께 뛰더래. 아이들은 모두 함께 도착해 과일을 나누어 먹었지. 학자는 의아해하며 아이들에게 물었어.

"먼저 도착하면 혼자 다 가질 수 있는데, 왜 함께 뛰었니?"

그러자 아이들이 대답했지.

"우분투!"

"나 혼자 먹으면 친구들이 슬퍼하는걸요? 친구들과 함께 행복한 게 좋아요."

‘우분투’란 아프리카의 전통적인 가치관으로, ‘네가 있기에 내가 있다.’라는 의미야. 개인의 성공보다 공동체 전체의 행복을 중요하게 생각해. 누가 더 일찍 도착하는지, 누가 얼마나 가지는지 따지는 것보다는 모두가 함께 도착하는 것이 중요하고, 경쟁보다는 연대와 협력이 더 큰 가치를 만들어 낸다는 걸 깨닫게 하지.

“부자라고 나만 많이 가지면 정말 행복할까?”

“각자의 몫을 공평하게 나눠 갖는 방법을 찾자!”

고민의 방향이 바뀌면 앞에서 했던 말을 이렇게 바꿀 수 있는 거란다.

과정이 공정하면 결과도 정의로울까?

이 그림은 주어진 조건이 다른 세 사람이 스포츠 경기를 관람하는 모습이야. 맨 왼쪽 그림을 보면 ❶은 키가 커서 그냥 서 있어도 볼 수 있지. ❷는 키가 작아서 까치발을 들어야지 겨우 경기장을 볼 수 있고, ❸은 휠체어를 타고 있어서 담장 너머로 경기를 못 봐. 모두가 경기를 볼 수 있게 하려면 어떻게 해야 할까?

먼저 가운데 그림처럼 세 사람에게 똑같은 높이의 발판을 주었어. 개인의 상황이나 조건은 고려하지 않고 똑같은 대우를 해 주는 거지. 이렇게 하면 ❶은 더 잘 보일 테고, ❷는 이제

까치발을 들지 않아도 경기를 볼 수 있어. 그런데 ❸은 휠체어가 발판에 올라갈 수 없으니 여전히 경기를 볼 수 없어. 똑같이 분배해 주었지만 결과는 예상과 다르네.

그다음은 맨 오른쪽 그림처럼 발판에 차등을 주었어. 모두에게 똑같은 대우를 해 주는 게 아니라 각자의 상황과 필요에 따라서 다르게 조치하는 거야. ❶에게는 발판을 주지 않아. ❷에게는 담장 너머를 더 잘 볼 수 있도록 발판 2개를 주고, ❸에게는 휠체어가 올라갈 수 있도록 경사로를 제공해 주는 거지. 바퀴가 구르지 않도록 안전 장치도 마련했어. 자, 이제 세 사람 다 경기를 볼 수 있어.

이처럼 모든 사람에게 기회를 평등하게 제공하고 과정이 공정해도 각자의 상황이 달라서 결과는 정의롭지 않을 수 있어. 사람마다 다른 환경을 고려하고 필요한 것을 알맞게 나누어 줄 때 정의로운 결과를 기대할 수 있어. 그렇다면 이 결과는 정의롭다고 할 수 있을까?

그림을 유심히 살펴보면 세 사람이 경기장 바깥에 있다는 걸 알 수 있어. 담장 너머의 세 사람은 경기장 안에서 관람하는 사람들과 출발선이 다른 존재를 상징해. 다시 말해 우리 사회에 존재하는 '약자'를 대표하는 거지. 그래서 사실 가장 정의로운 결과는 담장을 없애는 거야. 그럼 돈 내고 들어간 사람은 억울하지 않겠냐고 묻고 싶지? 담장을 없애자는 말의 핵심은 사회적 약자가 존재한다는 사실을 깨닫고, 그들도 경기장 안에 들어올 수 있도록 배려하자는 거야. 담장 너머로 경기를 볼 수밖에 없던 누군가가 경기장에 들어올 수 있도록 고민하고 행동하자는 거지.

예를 들면 장애인 전용 주차 구역에 대해 어떤 사람은 "왜 장애인은 가까운 자리를 주지? 나도 힘든데!"라고 말할 수 있어. 하지만 장애인은 이동이 어려운 경우가 많아서 입구와 가까운 자리가 꼭 필요해. 경기장이나 공연장에 장애인 좌석을 따로 마련한 것도 마찬가지야. 차별이 아니라 기회를 공정하게 주는 방법의 하나인 거지.

그런데 어떤 스포츠 구단에서는 장애인 좌석을 특별석으로 불법으로 변경해 판매한 일이 있었어. 관중들과 장애인 단체, 심지어 시에서 개선하라고 줄기차게 요구했는데도 묵묵부답이더니 비난 여론이 높아지자 그제야 사과하고 개선하겠다고 약속했어.

이런 사례도 있었어. 요즘은 공연이나 스포츠 경기를 온라인으로 예매하잖아. 현장에서는 특정 좌석을 제외하고는 표가 없을 때가 많아서 어르신들은 공연이나 경기를 보러 왔다가 되돌아가는 일이 허다해. 한 스포츠 구단에서 이 문제를 해결할 방법을 내놓았어. 좌석 일부를 현장 구매로 지정하고 어르신들에게 관람할 기회를 제공한 거야.

이처럼 정의로운 사회를 이루기 위해서는 개인의 기본적 자유와 권리는 평등하게 보장하되, 어떻게 하면 고르게 기회를 줄 수 있는지 고민하는 과정이 꼭 필요해.

양극화는 갈등과 분열을 만들어

2023년 굿네이버스가 13~24세 청소년 1,000명을 대상으로 '공정'에 관해 조사했어. 절반이 넘는 55.9퍼센트의 청소년이 우리 사회가 '공정하지 않다.'라고 답했어. 나이가 많을수록 공정하지 않다고 느끼는 비율이 더 높았고, 집안 형편이 좋은 청소년이 사회가 공정하다고 생각하는 경우가 많았어. 반대로 집안 형편이 어려운 청소년은 열심히 해도 미래가 나아지기 힘들다고 생각하는 경우가 많았지.

분배가 공정하게 이루어지지 않으면 결과에 문제가 생겨. 그중 대표적인 것이 '양극화'야. 양극화란 부자와 가난한 사람 사이의 차이가 점점 더 벌어지는 것을 말해. 국가데이터처에서 발표한 '2025년 1분기 가계 동향 조사' 결과를 보면 상위 20퍼센트 가구의 월 평균 소득은 하위 20퍼센트 가구와 열 배나 차이가 났어.

양극화가 심해지면 어떤 문제가 생길까? 흔히 돈이 많고 성공한 사람은 능력이 있거나 노력했기 때문에 좋은 결과를 얻

었다고 생각하기 쉬워. 그런데 이미 출발선부터 다른 경우가 많으니 능력과 노력만으로 좋은 결과가 따라온다고 볼 수 없어. 부유한 가정의 아이는 좋은 교육 기회를 쉽게 얻지만, 그렇지 못한 아이는 기회를 얻기 어렵거든. 이런 상황이 반복되면 "열심히 노력하면 돼."라는 말이 힘을 잃어. 노력해도 소용없다는 패배감과 무력감에 빠지지.

기회가 평등하지 않고, 과정도 공정하지 않다고 생각해서 사회에 대한 불신이 커져. 사회 전체가 불안정해지고 발전할 힘이 줄어들어. 사람들 사이에 서로를 이해하지 못하는 마음이 생기고 갈등이 자라기도 해. "내 노력만으로는 힘들어."라고 생각하는 사람과 "네가 더 노력하면 돼.", "열정이 부족했네."라고 말하는 사람이 양극단에 서서 서로를 탓하고 다투게 되지.

그래서 양극화를 완화하려면 기회를 균등하게 나누어 주는 것이 매우 중요해. 태어난 배경이나 사회적 신분 때문에 기회를 잃지 않도록 사회에는 여러 제도가 마련되어 있어. 무상 교육 제도로 돈이 없어도 누구나 학교에 다닐 수 있게 하고, 무상 급식으로 학생들에게 건강한 식사를 차별 없이 제공해. 기초 생활 보장 제도로 저소득 가정의 기본적인 생활을 돕고, 장애인 의무 고용 제도를 통해 일할 기회를 주지. 모두 출발선의 차이를 좁히고, 누구나 공정한 기회를 얻게 하는 장치야.

청소년들이 바라는 정의로운 사회는 노력한 만큼 보상받는 사회야. 따라서 정의로운 사회를 만들려면, 개인의 노력과 능력이 정당하게 평가받는 사회가 되어야 해. 모두에게 공정한 기회가 주어져야 해. 약자가 불리하지 않도록 사회 제도를 보완해 나가야 해. 우리 사회가 더 공정해지고, 분배가 잘 이루어져야 양극화로 인한 갈등과 분열을 줄일 수 있어.

능력주의와 역차별

개인의 노력과 능력이 정당하게 평가받는 사회가 되어야 한다는 생각은 자칫 능력에 따라 사회적 지위와 보상을 얻는 게 가장 공정하다고 착각하게 만들기도 해. 물론 시험을 잘 보면 상을 받고, 운동 경기에서 이기면 메달을 따는 것처럼 결과로 보면 능력주의가 공정해 보이지. 하지만 '능력'은 만들어지는 게 많아. 자라 온 환경과 운 같은 요소를 쏙 뺀 채 능력을 논할 수는 없어. 그래서 누구나 성공할 기회를 얻을 수 있도록 사회적으로 불리한 사람을 돕기 위한 제도나 정책이 만들어졌어. 그런데 어떤 사람은 그걸 역차별이라고 주장해.

특히 대학 입학이나 취업 가산점 같은 제도적 지원에 대한 불만이 크고, 자기가 불이익을 받는다고 느껴서 혜택을 받는 대상을 향해 분노와 혐오를 표출하곤 해. 모두를 경쟁자로 여기는 현실 때문이겠지. 누군가 더 받으면 내가 덜 받는다고 생각할 수 있으니까.

하지만 그건 오해야. 모든 사람이 똑같은 출발선에서 시작하지 않는다는 건 이해했지? 불리한 조건을 가진 사람이 기회를 균등하게 얻도록 출발선을 맞춰 주는 게 정의라고 했잖아. 이런 제도의 목적은 약자를 돕기 위한 특혜가 아니라, 모든 사람이 공정하게 경쟁할 수 있도록 상황에 맞는 기회를 주는 거야. 그럼에도 그들이 받은 혜택을 마치 자기 몫을 빼앗긴 걸로 여기며 박탈감을 느끼거나 책임을 지우면 곤란해.

제도를 만든 국가의 책임이 더 크고, 실제로 손해를 본 게 아니라 그동안 모른 체했던 불평등을 바로잡는 과정에서 오는 혼란이라고 볼 수 있어. 따라서 국가는 불평등하다고 느끼는 사람들의 의견에도 귀 기울여서 제도를 보완하고 사회적 약자를 위한 제도가 사람답게 살 권리를 보장하는 정의로운 약속임을 이해시켜야 해. 왜 그런 제도가 모두에게 필요한지를 알려야 하지.

미국의 하버드 대학은 공정한 사회를 위한 노력으로 오랫동안 소수 인종 학생에게 입학 기회를 더 주는 정책을 유지했어. 하지만 2023년 6월 29일, 미국 대법원은 하버드 대학과 노스캐롤라이나 대학교의 인종 기반 우대 정책이 헌법에 어긋난다고 판결했어. 하버드 대학은 결국 이 제도를 아예 폐지해 버렸지.

지원이 한쪽으로 쏠린다거나 기준이 명확하지 않다면 개선

방향을 마련하면 돼. 그러나 불만을 제기하는 사람들 때문에 존재하던 제도를 없애 버리면 결국 공평하게 경쟁할 수 있는 기회가 줄어드는 셈이 되고 말아.

3. 정의란 규칙이다

법은 최소한의 도덕이야 · 왜 법은 개인의 자유를 제한하는 걸까?
법대로만 하면 정의로운 세상이 될까? · 법을 다루는 사람들의 힘
정의로운 사람과 법 없이도 살 사람 · 민주주의를 꽃피우는 권리

법은 최소한의 도덕이야

개인의 자유만 강조하고 자기가 한 행동에 책임을 지지 않는다면 어떤 일이 벌어질까? 도로에서는 사람이든 차든 빨간불이면 멈추고, 초록불이면 이동하는 법이 있어. 이를 어기면 사고가 날 수도 있고 벌금을 내야 하지. 경찰에게 걸리지 않아 벌금을 내지 않았다면 다행일까? 사실 우리 마음에도 신호등이 있어. 바로 양심이야. 양심 신호등에 빨간불이 켜지면 옳지 않은 일에 멈칫하게 돼.

"상관없어요! 아무도 없을 때 건너는 건 내 자유잖아요."

도덕적이지는 않지만, 법이 이런 자유까지 제한할 수 없다고 주장할 수 있어. 하지만 법은 누구에게나 똑같이 적용되는 규칙이야. 법을 위반하면 처벌받고, 반대로 법으로 보호받는 권리를 침해당하면 책임을 물을 수 있어.

도덕은 사회적 분위기나 관습, 개인의 양심에 따라서 마땅히 지키기로 한 약속이야. 법과 같은 강제성이나 처벌은 없지만 지키지 않으면 비난받고, 양심의 가책을 느껴서 정의로운 행동을 하게 만들지. 그래서 법은 사회 구성원이 안전하고 행복하게 살기 위해 반드시 따라야 하는 '최소한의 도덕'이라고 말하기도 해.

"그럼 법은 벌을 받지 않으려고 지키는 거예요?"

정말 그럴까? 빨간불일 때 멈추는 건 벌금을 피하기 위해서가 아니야. 내가 다치지 않고, 다른 사람들도 다치지 않도록 약속을 지키는 거지. 어린이 보호 구역에서 속도를 제한하는 이유도 모두의 안전을 위해서야. 제한 속도를 지킴으로써 혹시 모를 사고를 예방해 모두의 안전을 확보할 수 있어. 즉 법을 지키는 건 다른 사람의 권리와 자유를 존중하는 행동이기도 해.

왜 법은 개인의 자유를 제한하는 걸까?

그렇다면 법이나 규칙이 개인의 자유를 제한하는 기준은 뭘까? 예를 들어 볼게. 다림이네 학교에서 6학년 한 학급이 1학년과 같은 층을 사용하게 되었어. 동생들과 함께 생활하다 보니 배려해야 하는 게 많아졌대. 특히 쉬는 시간에 복도에서 제기차기를 못 하게 되었어. 동생들이 다칠 수 있다고 금지하는 규칙이 생긴 거야. 억울한 아이들이 선생님에게 "왜 우리만 규칙을 지켜요? 다른 층도 규칙을 지켜야죠!"라고 항의했어. 그랬더니 다른 층 6학년들이 "우리는 문제가 없는데 왜 자유를 빼앗겨야 하나요?"라고 반발했어. 제기차기 규칙은 왜 생긴 걸까? 1층에서 만든 규칙을 다른 층에도 적용하는 게 맞을까?

먼저 규칙을 꼭 지켜야 하는지, 개인의 자유로 두면 안 되는지 궁금할 수도 있어. 어떤 규칙이 자유를 침해하는 것 같을 때는 규칙이 생긴 이유를 생각해 보자. 복도에서 제기차기를 하면 통행에 방해되고, 동생들뿐 아니라 친구들이 다칠 수도 있잖아. 운동장이나 현관 밖에서 하도록 규칙을 정하면 모두가 안전해질 거야. 물건을 훔치는 건 다른 사람의 재산권을 침해하는 행동이고, 말이나 행동으로 친구를 괴롭히는 건 폭력이야. 교통 법규를 어기는 건 다른 사람의 안전을 위협하는 행동이야. 공통점이 보이니? 아무리 자유가 중요해도 개인의 선택이 다른 사람의 자유를 침해하거나 사회의 질서를 깨뜨린다면 법과 규칙에 따라 제한할 수 있어.

공리주의 철학자 존 스튜어트 밀은 '최대 다수의 최대 행복'을 주장했지만 개인의 자유를 최대한 보장하되, 다른 사람에게 피해를 줄 때는 제한할 수 있다고 말했어. 민주주의 사회에서 개인이 자유롭게 행동할 수 있지만, 그 행동이 다른 사람들에게 불행이나 고통을 준다면 옳지 않으므로 막을 수 있다는 거야. 내가 수업 시간에 떠들어서 수업을 방해하면 나의 자유가 친구들의 학습권을 침해하는 셈이 돼. 우리 집에서 크게 음악을 틀고 노래를 부르는 건 자유지만, 이웃에게 소음으로 피해를 준다면 줄여야겠지? 밀의 주장은 사회의 질서를 유지하기 위해 법이 개인의 자유를 제한할 수 있음을 뒷받침하는 중요한 근거가 되었어.

다만 나에게 불편을 주는 행동이 '불의'이고 내가 편해지는 결과를 '정의'라고 여기지 않도록 경계해야 해. 모두가 불편한

자유롭게~
노래할거야~
301
302
303
또 시작이네.
조용히 살 자유도
있다고!

상황을 개선하려는 마음과 누군가 벌받기를 원하는 건 달라. 나의 자유를 위해 다른 사람의 자유를 침해하는 건 정의가 아니야. 반대로 나의 자유를 빼앗겼다고 다른 사람의 자유를 빼앗자고 주장하는 것도 정의가 아니야. 즉, 규칙이 정의로운지 아닌지를 나에게 유리하거나 불리한 것으로 판단할 수 없어.

자유는 다른 사람과의 관계 속에서 누리고 책임져야 하는 개념이야. 다른 사람의 자유도 배려할 때 진짜 멋진 거고. 개인의 자유와 사회의 질서 사이에 균형을 고려하여 법과 규칙을 정할수록 정의로운 세상이 될 수 있어.

친구와 시소 타 봤지? 둘 중 무거운 쪽이나 힘을 주는 쪽으로 시소가 기울잖아. 친구와 내가 모두 즐겁게 타려면 균형을 맞추거나 적절히 힘을 조절해야 해. 마찬가지로 나의 자유가 중요한 만큼 다른 사람의 자유도 존중할 때 정의는 균형을 이룰 수 있어. 그러니 자유를 제한한다고 생각하기보다 나의 행동이 다른 사람에게 어떤 영향을 미치는지 살피며 진짜 자유를 누려 보자.

법대로만 하면 정의로운 세상이 될까?

대체로 정의로운 세상을 만들기 위해서는 법이 필요하다는 데 동의해. 정의롭지 못한 행동을 하면 법으로 처벌해야 한다고 생각하지. 하지만 오해하면 안 돼. 다수의 안전과 행복을 위한다며 개인의 사소한 부분까지 법으로 통제한다면 법이 오히려 자유를 억압하는 도구가 될 수도 있어. 그리고 법과 규칙이 질서를 유지하고 정의를 실현하는 역할을 해도, 법과 규칙이 있다고 해서 저절로 정의로운 세상이 되는 건 아니야. 옛날에는 법이 모든 사람에게 평등하게 적용되지 않았어. 신분에 따라 차별받고, 사람을 물건처럼 사고팔고, 인종을 분리해서 차별하고, 여성은 투표를 못 했어. 법이 항상 정의롭지는 않았던 거야.

법을 제대로 지키지 않는 일도 흔했어. 그래서 처벌이라는 장치가 생겼지. 법을 지키지 않으면 불이익이 따르는 거야. 처벌이 없다면 범죄자나 권력자의 횡포를 막을 수 없고, 사회는 혼란에 빠지게 될 거야. 처벌은 개인의 자유를 억압하려는 게 아니라, 오히려 모두의 자유가 존중받을 수 있도록 하는 장치야.

자, 그렇다면 법을 어겼을 때 처벌만 하면 정의로운 사회를 이룰 수 있을까? 법에 따라 벌을 주는 것만이 정의를 실현하는 방법일까? 만약 법의 그물을 뚫는 방법이 있다면 범죄를 저질러도 처벌을 피할 수 있어. 또 처벌 수준이 솜방망이처럼 약하다면 법을 어기는 걸 두려워하지 않는 사람도 나타나겠지?

결국 개개인이 정의롭게 행동하지 않으면 문제가 생겨. 예를 들어 학교에서 친구를 괴롭히면 안 되는 규칙이 있지만, 어기는 아이들도 있지. 어른들은 일할 때 최저 임금을 보장받아야 하지만, 여전히 지키지 않는 사람도 있어. 세금을 내지 않으려고 속임수를 쓰거나, 가짜 뉴스로 공정한 선거를 방해하기도 해. 따라서 개인이 법을 잘 지키는 것은 물론이고, 불의를 모른 척하지 않으며 정직하게 행동하는 자세가 필요해.

법을 다루는 사람들의 힘

법을 만들고 집행하는 사람이 정의로운지도 잘 판단해야 해. 먼저 법을 만드는 국회 의원은 법이 모든 사람에게 평등하게 적용되도록 제정해야 해. 검사는 법에 따라서 법을 어긴 사람의 죄를 밝히고, 변호사는 억울한 사람이 없도록 돕고, 판사는 진실이 무엇인지 공정하게 판단해. 법은 우리 사회를 공정하게 지키고, 모두에게 자유를 보장하기 위한 제도이기에 법을 집행하는 사람에게는 책임감과 공정함이 아주 중요해.

그래서 국민의 감시와 참여가 필요한 거야. 국민의 감시가 없으면 권력자들은 부패할 수밖에 없어. 법을 만드는 사람이나 집행하는 사람도 실수할 수 있고 잘못 판단할 수 있어. 여전히 법이 약자를 충분히 보호하지 못해 억울한 일을 겪기도 하지. 그럴 때는 국민이 앞장서서 바꿔 나가야 해. 예를 들어 세월호 참사 이후 '생명 안전법 제정 운동'이 있었어. 비극적인 사고가 반복되지 않도록 책임을 명확하게 하고, 부족했던 제도를 개선하자고 요구했지. 그 덕에 '재난 및 안전 관리 기본법'이 대폭

개정되고 '중대 재해 처벌법'이 제정되었어.

홍길동처럼 불의에 맞서는 목소리도 지지해 주는 사람이 없으면 공허한 외침이 되고 말아. 그 목소리에 공감하고 연대하는 힘이 사회를 바꾸는 거지. 결국 제도보다는 사람이 중요해. 다만 의적처럼 불법이나 폭력으로 맞서는 건 정의롭지 않아. 민주주의 사회에서는 평화롭게 법과 제도를 바꿀 힘이 있어. 이미 4·19 혁명, 5·18 광주 민주화 운동, 세월호 참사 이후 연대처럼 시민의 힘으로 세상을 변화시킨 경험이 있잖아? 민주주의 사회에서 우리의 권리이자 의무를 잊지 말자. 혼자는 약하지만, 함께는 힘이 강하다는 것도. 국민이 감시하고 참여할 때 비로소 정의로운 사회가 되는 거야.

정의로운 사람과 법 없이도 살 사람

“내가 말이야, 법 없이도 살 사람이야!”라고 말하는 사람을 본 적 있니? ‘법 없이도 살 사람’이라니. 그만큼 도덕적이고, 문제를 일으키지 않는 사람이라는 걸 강조하고 싶어서 하는 말이겠지? 그래, 그 말대로라면 법과 규칙을 누구보다 잘 지키고, 타인을 해치지 않는 정의로운 사람이라고 인정할 수 있어.

한편으로 그 말은, 법의 의미를 아주 단편적으로 이해한 표현이기도 해. 단순히 법을 어기지 않는 것만으로는 정의롭다고 할 수 없어. 앞에서 언급했던 정의롭지 못한 법들도 사람들이 옳지 않다고 생각했으니 지금은 없어진 거잖아.

진짜 정의로운 사람은 단순히 규칙만 잘 따르는 것이 아니라 옳고 그름을 고민하고, 불의를 보면 행동하는 사람이야. 친구가 괴롭힘이나 따돌림을 당하는 상황을 목격했어. 누군가는 ‘나에게 직접 문제가 생긴 게 아니니까 모른 척할래.’, ‘괜히 끼어들었다가 불편해져.’ 이렇게 생각할 거야. 반대로 누군가는 그냥 넘기지 않아. “그러면 안 돼. 친구를 괴롭히는 건 옳지 않은 행동이야."라고 목소리를 내고 앞장설 거야. 직접 말하는 게 어렵다면 선생님에게 알리거나 해결 방법을 생각해 도와주겠지. 우리는 이런 사람을 정의롭다고 말하지. 이럴 때 그 말을 귀담아듣고 방법을 같이 고민하고 행동을 지지해 주는 사람도 중요해. 무관심하거나 부정적으로 반응하면 결국 용기 낸 사람도 가만히 있는 게 낫다고 생각하게 될 거야.

체육 대회를 앞두고, 장애가 있는 친구는 나갈 수 있는 종목이 없다는 이유로 경기에서 빠지게 됐어. '이기기 위해서니까 어쩔 수 없어.', '방법이 없잖아.', '우리 반을 위해 양보해야지.'라고 생각할 수 있지. 그게 규칙을 어긴 건 아니거든. 하지만 어떻게 하면 다 같이 참여할 수 있을까 고민해 보고, 방법을 찾는다면 정의로운 사람이라고 할 수 있겠지?

비슷한 상황에서 어른들이 하는 선택도 저마다 달라. 예를 들어 길에 쓰러진 사람을 봤을 때 어떻게 할 것 같니? 직접 가서 괜찮은지 물어보거나 경찰에 신고하는 적극적인 사람도 있고, 괜히 문제가 생기거나 덤터기를 쓸까 봐 모른 척하는 사람도 있을 거야. 사실 앞의 사람이 법을 지킨 것도 아니고, 뒤의 사람이 법을 어긴 것도 아니야. 그렇지만 정의로운 행동이 무엇인지는 판단할 수 있겠지?

〈 체육대회 일정 안내 〉
일시: *월 **일
10:00 개회식
11:00 단체 줄넘기
12:00 점심시간
13:00 축구&피구
14:00 농구
15:00 줄다리기
함께할 수 있는 건 없을까?
콩주머니 던지기는
같이 할 수 있을 텐데.
한 달 뒤 체육대회

반대로 법을 어겼지만 정의로운 행동도 있어. 나에게 손해가 되더라도 옳은 일을 선택하는 거지. 영국이 인도를 식민지로 지배할 때, 인도의 지도자였던 간디는 폭력은 더 큰 폭력을 낳을 뿐이라면서 비폭력 저항 운동을 펼쳤어. 영국이 인도 사람들의 소금 판매를 금지하자, 간디는 바다로 가서 소금을 직접 가져오기로 했어. 간디를 따라 인도 사람들도 바닷가까지 평화롭게 걸어갔지. 소금 행진은 사람을 죽이지도, 누군가를 해치지도 않았어. 하지만 영국이 정한 법으로 판단하면 불법이었기에 간디는 처벌을 받았지.

무엇이 옳은지 고민하고, 신념에 따라 행동하려는 태도가 바로 정의라고 할 수 있어. 법 없이도 살 사람은 문제를 만들지 않지만, 정의로운 사람은 문제를 해결하려고 행동해.

너는 법 없이 사는 사람이 되고 싶니? 아니면 정의로운 사람이 되고 싶니?

민주주의를 꽃피우는 권리

법과 규칙은 우리가 함께 살아가는 데 필요한 약속이라고 했어. 이 약속을 누가, 어떻게 정하는지 생각해 본 적 있니? 민주주의 국가의 발전 과정을 살펴보면, 변화를 만든 건 언제나 정의로운 사람들의 힘이었어. 과거에는 왕이나 소수의 권력자가 결정권을 가졌지만, 점점 사람들은 그게 부당하다는 걸 깨달았지. 그래서 자신의 의견을 말할 수 있는 권리를 찾기 위해 투쟁했어.

국가의 주인은 국민이 되었고, 국민은 스스로 나라의 중요한 일을 결정할 수 있게 되었어. 그 힘으로 권력을 견제할수록 지도자는 국민의 목소리를 잘 들어 주려고 노력하고, 지도자의 권력만큼 국민이 가진 힘도 막강해졌지.

민주주의가 투표를 통해 국민들의 생각을 반영하는 제도이니 공정하다고 생각할 수도 있지만, 다수결이 꼭 정의롭다고 단정 지을 수 없어. 투표는 다수의 의견을 모으는 의사 결정 방식이야. 그래서 소수도 부당한 일을 당하지 않도록 의견을 존중해야 해. 민주주의에서는 정의로운 결과만큼이나 다양한 목소리를 내고, 토론하고, 합의하는 과정이 중요해. 모두가 자기 생각을 말할 수 있을 때, 다른 사람의 생각을 존중하며 더 나은 세상을 만들어 가고자 할 때, 민주주의는 힘을 발휘하지.

아울러 정의로운 지도자가 등장하더라도 권력이 지도자에게 집중되고 국민이 목소리를 내지 않는다면 사회는 갈피를 못 잡고 흔들리고 말 거야. 지도자는 바뀌니까 공정한 제도를 만들면 괜찮다고 생각하는 사람도 있어. 하지만 제도는 도구일 뿐, 제도를 쓰는 건 사람이야.

결국 민주주의가 제대로 작동하려면, 국민이 주인으로 정치에 참여할 권리가 있어야 해. 그 권리가 바로 '참정권'이야. 참정권에는 나랏일을 대신할 사람을 뽑는 투표뿐 아니라, 선거에 출마할 수 있는 권리, 중요한 나랏일을 직접 결정하는 권리도 포함돼. 또 우리가 사는 사회를 정의롭게 만들기 위해 의견을 말하고, 잘못된 걸 바꾸자고 요구하는 시위나 집회도 참정권이야.

꼭 어른이 되어야만 참정권을 행사할 수 있는 건 아니야. 유엔아동권리협약의 4대 기본권에도 '참여권'이 있거든. 학교에서 회장 투표를 하거나, 체험 학습 장소를 정할 때 학급 회의를 하잖아. 그런 과정이 모두 민주주의야. 가정이나 학교에서 자기와 관련된 결정에 목소리를 내는 것이 바로 민주주의를 실천하는 거야. 그래야 어른이 되어 나랏일에 자기 목소리를 더할 때 올바른 선택을 할 수 있어. 그 권리를 소홀히 하지 말고 여러분 마음에서 민주주의의 씨앗을 소중하게 키워 보자.

삼권 분립

우리나라는 국민이 주권을 갖고, 국민이 뽑은 대통령이 나라를 이끄는 민주주의 국가야. 민주주의 국가에서는 권력이 한 사람이나 기관에 집중되지 않도록 권력 분립을 원칙으로 삼아. 권력이 한 곳에 집중되면 잘못된 결정을 하거나 권한을 남용할 수 있거든.

그래서 국회, 정부, 법원이 권력과 역할을 나누어 맡고 있어. 국회는 국회 의원들이 일하며 국가를 다스리는 법을 만드는 입법부, 정부는 대통령과 공무원들이 법에 따라 국가를 운영하는 행정부, 법원은 판사, 검사, 변호사가 법에 따라 재판하는 사법부라고 부르지. 세 기관이 견제하고 균형을 이루어야 국민의 자유와 권리를 지키고 정의로운 사회를 만들 수 있어. 이를 삼권 분립이라고 해.

우리나라는 1948년 제헌 헌법이 제정된 이후 1987년 이전까지만 해도 권력이 대통령에게 집중되어 있었어. 이때는 국민이 직접 대통령 후보에게 투표하지 않고 국회 의원 같은 대리인이 대통령을 선택하는 '간선제'를 채택했어. 하지만 권력이 균형을 이루지 못하고 국민의 의견이 정확하게 반영되지 않는 독재 사회였지. 점점 국민이 직접 대통령을 뽑자는 '직선제'로 법을 바꾸자는 요구가 커졌고, 1987년 6월 민주 항쟁이 일어났어.

그 결과로 지금 우리가 지키고 있는 '1987년 헌법'이 만들어졌어. 이 헌법은 대통령을 국민이 직접 뽑을 수 있도록 했고, 기본권 보장과 권력 분립을 더욱 분명히 기록했지. 삼권 분립은 우리나라 민주 정치의 핵심 원리이며, 1987년 헌법을 통해 우리 사회는 국민의 자유와 권리를 보장하는 더 민주적인 체제를 갖추게 되었어.

정의를 되찾자!
민주회복!

4. 정의란 사랑이다

정의로운 사회의 주춧돌, 인권 · 사랑과 자비는 세상을 정의롭게 할까? · 왜 사회적 약자를 도와야 할까? · 세상을 바꾸는 '불편한' 움직임 · 정의를 위해 개인이 입는 피해는 괜찮을까?

정의로운 사회의 주춧돌, 인권

지금까지 줄곧 정의란 무엇인지, 철학자들은 정의를 어떻게 논했는지, 정의로운 사람은 누구인지 이야기했어. 정의로운 사회와 법의 관계도 살펴보았어. 이 논의에서 빠질 수 없는 개념이 있는데, 바로 인간답게 살아갈 권리인 '인권'이야. 권리란 어떤 일을 자유롭게 하거나 다른 사람에게 무언가를 당당히 요구할 수 있는 자격이야. 따라서 인권은 사람이라면 누구나 가지고 태어나는 것이고, 당연하게 주장하고 존중받아야 하는 권리야. 어린이를 예로 들면 이런 거야.

졸릴 때 잠을 잘 권리, 배고플 때 먹을 권리, 안전하게 살 권리, 아플 때 치료받을 권리, 친구와 신나게 놀 권리, 차별 없이 교육받을 권리, 어리다고 무시당하지 않을 권리…….

어린이가 숨을 쉬고, 맛있는 음식을 먹고, 친구들과 신나게 뛰노는 것이 당연한 것처럼, 모든 사람은 존중받고, 차별받지 않으며, 안전하게 살 권리가 있어. 그러니 정의롭고 공정한 사회는 인권을 존중하는 사회라고 말할 수 있지. 옛날에는 이런 권리를 보장받지 못했어. 태어날 때부터 양반, 평민, 노비처럼 신분이 정해져 있었지. 신분에 따라 선택할 수 있는 직업도 제한되었어. 모든 사람이 소중하게 대우받지 못했고, 권리 역시 평등하지 않았던 거야.

하지만 점점 모든 사람은 평등하다는 생각이 당연해지면서 신분 차별을 없애기 위한 투쟁이 오랫동안 계속되었어. 17세기 영국에서는 왕이 가진 절대적인 힘을 견제하기 위해 의회가 힘을 키웠어. 18세기에 미국은 독립 선언서에 "모든 사람은 평등하게 태어났고, 자유롭게 살아갈 권리가 있다."라고 명시하며 영국으로부터 독립을 선언했어. 대표적인 시민 혁명인

프랑스 혁명 당시에는 '인간과 시민의 권리 선언'이 선포되어 자유와 평등의 가치를 알렸어. 물론 이때도 여성과 노예, 어린이의 권리는 인정받지 못했어. 모두를 위한 인권이 되기까지 시간이 필요했지.

제1차, 제2차 세계 대전이 끝난 뒤 발표된 '세계 인권 선언'은 사람답게 사는 데 필요한 권리가 무엇인지, 그 권리를 지켜 주기 위해 국가가 어떤 노력을 해야 하는지 정한 약속이야. 제1조는 '모든 사람은 태어날 때부터 자유로우며 동등한 존엄과 권리를 가진다.'야. 모두에게 평등하게 적용되는 인권의 가치를 담았어. 이 선언문은 지금까지 세계 여러 나라에서 인권을 보호하고 정의로운 사회로 이끄는 길잡이 역할을 하고 있어. 그 덕에 민주주의 국가의 국민은 인권을 지켜 달라고 요구할 수 있는 권리를 갖고, 나라의 일을 결정하는 데 자신의 의견을 낼 수 있고, 차별받지 않고 평등하게 살아가게 되었어. 우리나라 헌법에도 세계 인권 선언의 가치와 정신이 담겨 있지. 다만 인권 정신을 담았다고 끝나는 게 아니야. 모두의 인권을 지키기 위한 노력이 꼭 필요해.

약자에게 먼저 도움을 주고, 기회를 균등하게 보장하려는 노력이 바로 각자의 상황을 존중하고 인권을 실현하는 자세야. 약자라는 이유로 부당한 대우를 받거나 괴롭힘을 당한다면, 그 사회는 점점 불공정하고 불평등해질 거야. 정의가 사라지는 사회에서는 인권도 소멸해. 인권이 제대로 지켜지지 않으면 정의로운 사회의 가치가 흔들려.

불리한 위치에 있는 사람을 배려하자는 롤스의 주장이나, 우분투를 외친 아이들을 떠올려 봐. 서로 도와 함께하는 여정은 더 즐겁지 않을까?

우리는 권리를 보장받아야 하는 주인공인 동시에 타인의 권리도 보장해 줄 의무가 있어. 인권은 정의로운 사회에서 누구나 마땅히 보장받아야 하는 권리야. 그 바탕에는 약자를 위할 줄 아는 따뜻한 마음이 필요해. 모든 사람이 권리를 누리며 살아갈 때 우리 사회가 정의로워질 수 있어. 혹시 그렇지 못한 상황을 마주한다면, 먼저 사랑을 담아 손을 내밀어 보자.

사랑과 자비는 세상을 정의롭게 할까?

정의로운 사람과 법 없이도 살 사람에 대해서 이야기했지. 법은 사회 질서를 유지하는 규칙이니까 마땅히 지켜야 하지만, 법을 지키는 것이 꼭 정의로운 건 아니었어. 그렇다면 법은 어겼지만 타인을 사랑하는 마음을 가진, 정의로운 사람이 있다면 어떻게 판단해야 할까?

어느 날 어떤 사람이 아주 배가 고파서 몰래 빵을 훔쳤어. 빵을 훔치는 건 잘못한 일이지만 돈은 없고 배가 너무 고픈 데다 가족도 며칠 동안 굶어서 어쩔 수 없었어. 이 일 때문에 그 사람은 아주 오랫동안 감옥에 있다가 출소했는데, 범죄자라며 누구도 받아 주지 않더래. 마음이 어떨 것 같니?

이런 상황도 상상해 봐. 어떤 마음씨 좋은 마을 사람이 옷차림이 허름한 떠돌이를 초대해서 밥도 주고 잠도 재워 줬대. 그런데 그 사람이 물건을 훔쳐서 도망친 거야. 시간이 흘러 떠돌이는 현재 많은 사람의 존경을 받는 유명인이 되었어. 너는 과거에 떠돌이가 저지른 잘못을 알고 있어. 그럴 때 너는 어떻게 할래?

죄를 지었으면 벌을 받아야 한다고? 은혜를 모르는 범죄자는 당장 경찰에 신고할 거라고? 그런데 첫 번째 이야기에서는 살기 위해 한 행동인데 처벌이 과해서 억울할 수 있고, 두 번째 이야기에서는 그 사람에게 어떤 사정이 있었는지 이야기를 한 번 들어 볼 수도 있겠지.

위 예시는 모두 프랑스의 작가 빅토르 위고가 쓴 소설 《레 미제라블》의 주인공 '장 발장'이 겪은 일이야. 장 발장은 굶고 있는 조카들을 위해 빵을 훔치고, 그 죄로 19년 동안 감옥살이를 했어. 출소한 뒤에도 범죄자를 향한 따가운 시선에 괴로워했어. 미리엘 신부님은 그런 장 발장을 따뜻하게 맞아 주었어. 그런데 장 발장은 신부님의 물건을 훔쳐 달아났다가 경찰에 잡혀 와. 신부님은 경찰에게 그건 내가 준 선물이라고 하고, 왜 다른 건 두고 갔냐며 오히려 장 발장을 두둔했지. 잘못을 저지른 사람을 감싸 주다니! 도둑질했으니 벌을 주라고 말해야 정의로운 건데, 거짓말을 하면 안 되는 신부님이 왜 범죄자를 용서해 주었을까?

이 소설의 배경은 앞에서 말한 프랑스 혁명 당시야. 약자는 인권을 보장받지 못하고 고통받던 시기였지. 그러니 장 발장

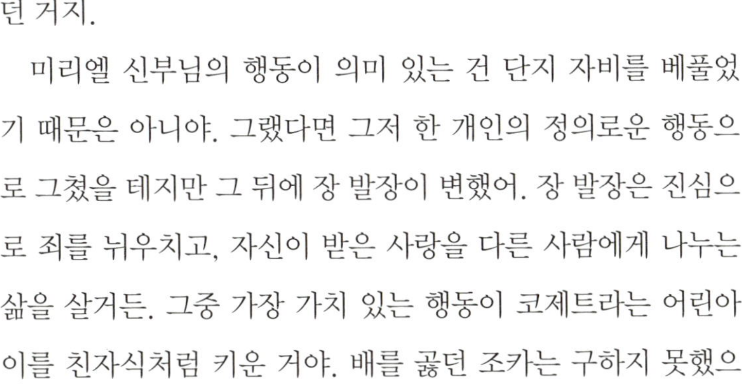

도 힘겨운 삶을 살다 감옥까지 다녀온 거야. 출소 뒤에도 상황이 절망적이다 보니 자기에게 호의를 베푸는 신부님의 진심을 온전히 받아들일 마음의 여유가 없었을지도 몰라. 미리엘 신부님은 장 발장을 차별 없이 대한 자비로운 사람이었어. '자비'란 남을 깊이 사랑하고 가엾게 여겨서 베푸는 마음이거든. 신부님은 처벌보다는 기회를 주는 자비가 진짜 정의라고 생각했던 거지.

미리엘 신부님의 행동이 의미 있는 건 단지 자비를 베풀었기 때문은 아니야. 그랬다면 그저 한 개인의 정의로운 행동으로 그쳤을 테지만 그 뒤에 장 발장이 변했어. 장 발장은 진심으로 죄를 뉘우치고, 자신이 받은 사랑을 다른 사람에게 나누는 삶을 살거든. 그중 가장 가치 있는 행동이 코제트라는 어린아이를 친자식처럼 키운 거야. 배를 곯던 조카는 구하지 못했으나 가여운 코제트만큼은 잘 키우고 싶었어. 장 발장이 미리엘 신부에게 받은 사랑이 코제트에게로 이어졌지.

법과 규칙은 사회적 약속이니까 모두가 잘 지켜야 하는 건 당연해. 그렇지만 이를 지키지 않았을 때 처벌만이 정의로운 결정은 아니야. 때로는 개인의 사정을 이해하고 다시 일어서도록 도와주는 자비와 사랑이 벌을 주는 것보다 더 큰 정의를 만들 수 있어. 지금 우리가 사는 사회에서도 마찬가지야. 약자도 공정한 기회를 누리고 희망을 품는 사회가 바로 정의로운 사회야. 《레 미제라블》에서 미리엘 신부가 장 발장을 품어 준 것처럼, 장 발장이 미리엘 신부에게 받은 자비를 코제트를 향한 사랑으로 보답한 것처럼, 지금도 그리고 훗날에도 사랑과 자비가 정의를 구현할 거야.

왜 사회적 약자를 도와야 할까?

우리 주변에는 장 발장이나 코제트처럼 자기가 사는 사회에서 상대적으로 힘들고 어려운 상황에 놓인 사람들이 존재해. 이들을 '사회적 약자'라고 불러. 예를 들어 몸이 불편한 사람, 돈이 없어서 병원에 가지 못하는 사람, 보호자 없이 자라는 아이, 외국에서 일하러 온 사람 등이야. 게으르거나 노력을 안 해서 힘든 게 아니라, 태어난 환경이나 건강 상태, 사회 구조 때문에 어려움을 겪는 경우지. 그래서 누군가는 사회적 약자를 도움이 필요한 불쌍한 존재라고 말해. 그 사람들을 돕는 건 착한 행동이라고 생각하지. 그런데 그건 정말 착한 행동일까? 우리는 왜 사회적 약자를 도와야 할까?

사회적 약자를 돕는 행동은 착한 일이 아니라 그 자체로 옳은 일이야. 사람은 누구나 존엄하고, 인권은 태어날 때부터 누구에게나 동등하게 주어지는 권리라고 했어. 힘이 세든 약하든, 어른이든 아이든 모두 누구나 사람답게 살아갈 자격이 있어. 그런데 "불쌍하니까 도와야지", "좋은 일 해야지."라고 말하는 건 동등한 관계로 보지 않는 거야. 도움을 받는 사람을 열등하게 여기는 거지.

"다리를 다쳐서 휠체어를 타니 우리 학교에 장애인 화장실이 1층에만 있다는 사실을 알게 되었어요."

같은 반 친구가 이 말을 했을 때, 다른 친구들은 몰랐던 사실을 알게 되어서 깜짝 놀랐어. 평소 얼마나 약자의 입장에 무관심했는지 깨닫게 된 거지. 그러니까 "나는 불편하지 않으니까 상관없어."가 아니라, "언제라도 나도 그런 상황에 놓일 수 있어."라는 마음을 가지면 좋다는 거야. 누구나 상황에 따라서 처지가 바뀌어 약자가 될 수 있다는 걸 이해하는 거지. 건강하

던 사람이 사고로 다리를 다치면 휠체어를 타고, 모국어를 유창하게 하더라도 낯선 나라에 가면 언어가 통하지 않아 어려움을 겪을 수 있어.

그래서 사회적 약자가 권리를 누릴 수 있도록 '모두에게 똑같이'가 아니라, '힘든 사람은 더 신경 쓰는' 제도가 필요한 거야. 국가는 장애인이 학교나 병원을 쉽게 이용할 수 있도록 지원하고, 교통 약자가 자유롭게 이동할 수 있도록 시설을 만들고, 경제적으로 어려운 사람에게는 보조금을 주는 등 여러 제도를 만들어 시행하고 있어.

하지만 제도가 있다고 사회적 약자가 겪는 어려움이 다 해결되는 건 아니야. 정의로운 사회가 되려면 눈에 잘 보이는 어려움뿐 아니라, 우리 눈에 보이지 않아도 존재하는 사람들의 상황을 살피는 마음이 필요해.

더불어 사회 구성원 한 사람, 한 사람이 서로를 따뜻하게 바라봐야 해. 사회적 약자를 단지 불쌍하게 여기는 것이 아니라, 함께 살아가는 사람으로 존중하는 마음이 기본인 거지. 누구나 동등한 출발선에서 기회를 누리고, 권리를 존중받는 것, 그게 바로 정의이고, 함께 사는 세상을 만드는 약속이야.

세상을 바꾸는 '불편한' 움직임

지금 여러분 주변에 어른들이 있다면, 아래 질문을 한번 해 보자.

"파업으로 버스나 지하철이 늦게 와 지각한 적이 있나요?"

"출근하거나 등교하는데 장애인들이 시위해서 불편했던 적이 있나요?"

아마 어른들은 한 번쯤 겪었다고 대답할 거야. 그 상황에서 "나는 잠깐 불편한 거지만 이 사람들은 오죽했으면 거리로 나왔을까?" 공감하는 사람도, "참 이기적이야. 왜 자꾸 시민들을 불편하게 하지?" 불평하는 사람도 있었을 거야. 하지만 그 불편 뒤에는 꼭 들어야 할 중요한 목소리가 숨어 있다는 거 알고 있니?

장애인들은 지하철이나 버스를 마음대로 이용하기 어려운 경우가 많아. 지하철역에 승강기가 있어도 단순히 편의를 위해 승강기를 이용하는 사람들 때문에 정작 장애인은 순서가 밀릴 때가 많고 환승도 어려워. 휠체어가 탈 수 있는 저상 버스는 시내버스 열 대 중에 네 대도 안 돼. 그래서 장애인들은 "우리도 안전하게 이동할 권리가 있어요."라고 시위를 하는 거야. 단순한 불편 사항이 아닌 학교에 가고, 병원에 가고, 일하러 가고자 하는 사람다운 삶을 위한 절실한 외침이지.

혹시 점심 급식이 제공되지 않아 도시락을 싸 가거나, 간편 급식을 받아 본 경험이 있어? 여러분이 먹는 점심 급식을 만드는 급식실 조리사들이 파업하는 이유도 비슷해. 파업은 일하는 환경을 개선하거나 원하는 것을 이루기 위해 노동자들이 힘을 모아 한꺼번에 일을 멈추는 행동이야.

"아이들의 건강을 생각하지 않는 이기적인 파업이야."

"일하는 사람의 건강도 생각해야지."

이 문제 역시 사람마다 의견이 다를 수 있어. 문제의 본질은 과도한 조리 업무로 인해 실제로 질병을 앓거나, 미끄러지거나 화상을 입고도 쉬지 못해서 참고 일하는 열악한 환경에 놓인 조리사들이 많다는 거야. 그런 부분에 대한 개선을 요구하는 조리사들의 외침이 아이들의 건강은 뒷전에 둔 이기적인 행동으로 잘못 해석되면 진짜 문제는 가려지고 말아. 사실 이 파업은 조리 업무의 양을 조절해서 아이들에게 건강하고 맛있는 급식을 제공하기 위한 요구였는데 말이지.

때로는 물건을 안 사는 것도 사회적 약자를 보호하기 위한 정의로운 행동이 될 수 있어. 바로 '불매 운동'이야. 단지 구매를 안 하겠다는 뜻이 아니라 "이런 행동은 잘못됐어요.", "우리는 그런 회사를 응원하지 않아요."라는 조용하지만 강한 목소리를 내는 거지. 어떤 큰 회사가 작은 가게 주인들에게 물건을 많이 사라고 무리하게 강요하고 협박하는 일이 있었어. 이 사실이 알려지자 소비자들이 "이 회사의 물건은 사지 말자."라고 뜻을 모았어. 금세 사그라질 줄 알았지만 소비자들의 불매 운동은 꽤 오래 이어졌고, 그 회사의 매출은 뚝 떨어졌어. 결국 회사는 잘못을 인정하고 사과했어.

정의를 위해 개인이 입는 피해는 괜찮을까?

물론 파업이나 시위로 불편하고, 불매 운동으로 손해를 보는 곳도 있지. 하지만 이 행동들은 누군가를 괴롭히려고 하는 게 아니야. 오랫동안 참고 참았지만 바뀌지 않았던 문제를 세상에 알리고 개선하기 위한 마지막 선택이지. 장애인이 지하철을 타기 어려운 상황, 노동 환경이 안전하지 못하고 법에 정해진 쉴 권리를 누리지 못하는 현실, 약자를 무시하는 회사의 행동 같은 문제들은 쉽게 바뀌지 않아. 사람들은 말로 해도 해결되지 않을 때, 이 문제를 세상에 알리고 고쳐 나가기 위해 행동에 나서는 거야. 그래서 정의를 위해 개인이 입는 피해는 괜찮냐는 질문에 이렇게 되물어 보려고 해.

"그동안 더 힘든 상황을 겪은 사람은 누구였을까?"

"우리가 잠깐 참는 불편이 더 나은 세상을 만드는 데 도움이 되지 않을까?"

시위나 파업, 불매 운동은 소수의 목소리를 세상에 널리 알리는 방법이야. 또한 헌법으로 보장된 권리이기도 해. 장애인

이동권 시위가 없었다면, 사람들은 여전히 승강기 없는 지하철역이 누군가에게는 무서운 곳이란 걸 몰랐을 거야. 노동자들이 파업하지 않았다면, 안전한 일자리와 쉴 권리가 왜 필요한지 느끼지 못했을 거야. 불매 운동이 없었다면, 약자를 괴롭힌 기업은 계속 나쁜 일을 벌이면서 죄책감 없이 돈을 벌었을지도 몰라.

정의로운 사회는 약자의 고통에 민감하고 그 고통을 알아주는 곳이어야 해. 때로는 불편함을 참아야 할 때도 있어. 그 불편함이 누군가의 오랜 고통을 멈추는 데 도움이 된다면 뿌듯함이 더 크지 않을까? 한 사람, 한 사람의 목소리는 작을지 몰라도 모이면 세상을 바꾸는 큰 울림이 될 수 있어. 지금은 조금 불편해도 결국엔 모두가 안전하고 행복하게 살아갈 더 좋은 세상을 만드는 데 보탬이 될 거니까. 그리고 여러분이 살아갈 이 사회는 강자만 잘사는 곳이 아니라, 함께 살기 위해 약자의 손을 잡는 곳이어야 하니까.

시혜적 태도

사회적 약자를 위한 제도는 불평등을 바로잡고, 그들이 누리지 못했던 권리를 보장하는 것이라고 했어. 하지만 사회적 약자를 위한 제도에 오해도 많고, 제도의 혜택을 받는 사람들에게 갖는 마음이 저마다 달랐어. 누군가는 역차별이라고, 그들이 특혜를 받는다고 여기기도 하고, 자기 것을 빼앗기는 것처럼 억울해하기도 했지. 불평등을 바로잡기 위한 조정을 마치 또 다른 차별인 것처럼 여기는 시선은 사회적 약자가 세상을 살아가는 데 더한 상처를 줬어.

그런데 잘못된 시선이 하나 더 있어. 바로 '시혜적 태도'야. '시혜'란 은혜를 베푼다는 뜻이야. '시혜적 태도'는 남의 안타까운 처지를 동정하는 차별적 시선과 행동을 말해. 약자를 도우면서도 자신을 더 힘이 있는 존재처럼 여기는 마음이지. 사회적 약자에 대해 "불쌍하니까 도와줘야 해."라는 마음 뒤에 "너는 나보다 부족하니까 돕는 거야."라는 우월한 생각이 숨어 있다고 생각하면 돼.

문제는 그로 인해 그들에게 감사함을 요구하고 때로는 배은

망덕하다고 손가락질하는 경우가 있다는 거야. 예를 들어 어린이날 받고 싶은 선물을 솔직하게 말한 보호 시설 아동에게 너는 감사함을 모르냐, 주는 대로 받아라, 비난하는 게 옳을까? 이건 누구나 할 수 있는 이야기잖아. 제도의 혜택을 받아서 고마워하는 건 당사자로서 가질 수 있는 마음이야. 하지만 의견을 낼 권리를 무시하거나, 보답과 은혜를 강요해서는 안 돼. 그런 태도는 '도와주는 사람'이 더 우위에 있다는 잘못된 인식이 밑바탕에 깔려 있어.

비슷한 이야기로 장애인이 공공시설이나 대중교통을 편하게 이용하도록 시설을 바꾸는 것은, 정부가 권리를 주장하는 사회적 약자들의 목소리에 응답하는 것뿐이지 선행을 베푸는 게 아니거든. 정부나 기관뿐만 아니라 사회 구성원 모두 사회적 약자를 도움과 보호를 받는 존재로만 보고 있지는 않은지 스스로 점검할 필요가 있어.

5. 정의란 무기이다

전쟁은 정의로운 세상을 위해 필요할까? · 정의라는 이름으로 쇼를 즐기는 사람들 · 혐오 표현과 표현의 자유 · 명령은 무조건 따라야 할까?

전쟁은 정의로운 세상을 위해 필요할까?

전쟁은 폭력적이고
일상을 파괴하기 때문에 정의를
이루는 수단이 될 수 없어.

VS

전쟁은 더 큰 불행을 막고
정의를 되찾기 위한 어쩔 수
없는 선택이야.

어떻게 생각해? 세계 역사 속에 나라와 나라, 민족과 민족 사이의 전쟁이 많은 건 사실이야. 정복을 위한 전쟁, 영토 분쟁, 식민 지배와 독립, 종교 갈등처럼 전쟁이 일어나는 이유도 저마다 달라. 또 자유주의 대 사회주의, 자본주의 대 공산주의 등 서로 다른 이념 때문에 전쟁이 일어나기도 해. 지금도 세계 곳곳에서 전쟁이 계속되고 있어. 사실 먼 나라의 이야기를 할 필요도 없어. 우리나라만 해도 아직 전쟁 중이야. 1950년 6월 25일 북한의 남침으로 전쟁이 일어나고 1953년 7월 27일 휴전 협정을 맺었지만, 전쟁이 끝난 건 아니거든. 그래서 전쟁과 정의에 관한 질문에는 생각해 볼 게 많아.

"무력으로 다른 나라를 침략하는 건 폭력이니까 정당화할 수 없어요."

"전쟁할 수밖에 없는 상황도 있지 않나요?"

"침략을 막는 거나 독립 투쟁은 좀 다르잖아요."

모두 일리 있는 의견이야. 우리나라 역사를 조금 더 이야기해 볼게. 삼국 시대와 고려 시대에도 외적의 침입이 잦았고, 조선 시대에는 임진왜란과 병자호란이라는 큰 전쟁을 연달아 겪었어. 특히 일제 강점기에는 우리 민족을 지키고 나라를 되찾기 위한 독립운동이 너무나도 절실했어. 지금도 비슷한 처지의 나라들이 있는데, 팔레스타인도 독립을 위해 이스라엘과 맞서고 있지.

폭력은 정당화될 수 없지만, 독립하기 위해 다른 방법이 없는 상황이라면 전쟁이 '정의로운 투쟁'이라고 생각하는 거야. 하지만 '대의'를 위한다곤 해도 전쟁에는 큰 희생이 따라오기 마련이야. 삶의 터전이 파괴되고 사람들이 목숨을 잃지. 우리나라도 6.25 전쟁 이후 이산가족과 부모를 잃은 아이들이 생기고, 경제가 무너져 아주 힘겨운 시기를 지났거든.

전쟁은 갈등과 대립을 해결하려는 가장 잔혹하고 쉬운 선택이야. 그렇지만 역사가 증명하듯, 무력으로 상황을 제압하거나 전쟁에 승리했다고 갈등이 사라지는 것도 아니야. 그 과정에서 새로운 갈등의 씨앗이 생겨날 수 있어. '눈에는 눈, 이에는 이'와 같은 보복과 증오라는 악감정을 유발하지. 단지 감정의 문제가 아니라, 불평등, 빈곤, 차별, 억압과 같은 사회 문제도 일으키기 때문에 꼬리에 꼬리를 무는 악순환을 끊어야 해.

정의를 위해서라며 전쟁이 불가피하다는 정당화 뒤에는 진짜 목적이 숨어 있기도 해. 다른 나라의 자원을 빼앗고, 외부를 공격해 국민을 단결하고 권력자가 힘을 유지하려는 속셈이 '정의'라는 말로 그럴듯하게 포장되지. 러시아와 우크라이나의 전

쟁도 겉으로는 영토 싸움처럼 보이지만, 외부의 적을 공격해 정권을 유지하는 도구로 이용하려는 목적도 있어. 이게 과연 전쟁을 정당화하는 이유가 될 수 있을까?

그러면 평화로운 세상을 만들기 위해 서로 이해하고 양보하며 갈등을 풀어 가는 노력은 무엇이 있을까? 다른 민족과 국가, 종교, 문화를 존중하는 교육으로 평화와 공존의 가치를 가르쳐야 해. 무력으로 얻은 정의는 다른 무력에 빼앗길 수 있어. 하지만 우리 마음속의 사랑과 평화는 누구도 빼앗을 수 없어. 증오는 또 다른 증오를 낳을 뿐이야. 미리엘 신부님이 장 발장을 용서하며 보여 준 자비를 떠올려 봐. 진정한 정의는 사랑과 자비의 선순환이며, 대화로 평화롭게 갈등을 해결하는 거야.

정의라는 이름으로 쇼를 즐기는 사람들

요즘 세상에 의적이 활동한다면 정의롭다고 말할 수 있을까? 정의로운 생각에서 비롯된 거니까 괜찮을까, 아니면 묻고 따질 것 없이 범죄일까? 의적이 활동하던 시기는 조선 시대고, 당시의 법과 제도가 불공정했으니 백성을 위하려는 의도는 정의로웠지. 하지만 민주주의 사회에서는 법과 제도가 잘 갖춰져 있으니 부당한 일을 당해도 절차에 따라 조사하고 재판하면 돼. 개인이 정의를 실현한다며 법을 어기는 건 정당화할 수 없어.

"연예인의 부적절한 사생활이 도마 위에 올랐습니다."

"모 운동선수의 과거 학교 폭력이 폭로되어 큰 파장이 일고 있습니다."

이와 같은 뉴스를 들어 본 적 있지? 이런 일이 생기면 언론이 앞다투어 자극적인 기사를 내보내고 사람들은 사실을 확인하지 않고 온라인 여론을 모아 응징하고자 해. 잘못을 지적하고 바로잡으려는 의도는 정의로울지 몰라도 잘못한 사람을 회복할 수 없을 정도로 괴롭히는 행동은 정의롭지 않아. 괴롭히는 사람들에게 사실 관계는 중요하지 않아. 그저 서바이벌 프로그램처럼 경쟁하듯이 한 사람을 조롱하는 쇼의 참가자가 되어 버리지. 나중에 진실이 밝혀져도 더는 관심이 없어. 그 행위를 정의 구현이라고 하지만 누군가를 대신 복수하거나 벌주려는 행동은 집단 괴롭힘과 다를 바 없어.

또 범죄자에 대한 처벌이 불합리하다며 피의자의 개인 정보를 캐내 온라인에 유출한다면 이는 정의로운 행동이라고 볼 수 있을까? 아니, 법을 어긴 것은 물론이고 또 다른 폭력이 되어 버리고 말아. 사회 관계망 서비스(SNS)에 악성 댓글을 달고, 나락으로 보낸다는 말을 농담처럼 하는 것도 위험해. 무분별한 비난으로 한 사람을 매장하는 행동이야. 누구에게도 그럴 자격은 없을뿐더러 의도도 결과도 정의롭지 않아.

다림이네 반 친구가 다른 친구에게 피해를 줬어. 친구는 당연히 속상하고 화가 났겠지. 다행히 실수를 인정하고 잘못을 사과해서 상황이 마무리되었어. 그런데 화가 안 풀린 친구가 과거의 잘못을 끄집어내거나, 또 다른 친구가 덩달아 비난을 퍼붓는다면 어떨까?

"잘못했다고 사과했으면 끝난 거 아닌가요?"

"맞아요. 그냥 상처 주고 싶어서 그러는 거죠."

그렇지? 이미 사과도 했고, 잘못을 고치려고 노력할 수도 있어. 하지만 과거까지 들추고 '나 대신 욕해 줘.', '같이 흉보자.' 하고 여론을 모으는 건 근본적인 문제 해결이 아니라 불편했던 감정을 돌려주는 복수일 뿐이야. 확인되지 않은 소문이나 왜곡된 정보가 마치 사실인 양 퍼지면 당사자는 제대로 해명도 못 하고 쏟아지는 비난을 감수해야 해.

잘못된 방식으로 정의를 구현하려는 건 오히려 혼란과 분열을 부추기고, 더 큰 문제를 일으킬 수 있어. "다음은 내 차례가 아닐까?" 지켜보는 사람들에게도 나쁜 영향을 줘. 내 곁의 다정한 친구가 뒤돌아서면 악성 댓글을 달지도 모른다는 의심이 생길 수 있어. 서로를 믿지 못하고, 작은 실수도 두려워하게 될 거야.

그래서 복수는 결코 정의로운 해결책이 될 수 없어. 누구나 실수할 수 있어. 그 실수에서 배우고 성장하는 태도가 중요해. 부여받지 않은 자격으로 뒤를 캐거나 심판하는 건 진정한 정의가 아니고 폭력이라는 것을 꼭 기억하자.

혐오 표현과 표현의 자유

"쟤 저럴 줄 알았어. ○○ 나라에서 왔잖아."

"요즘 애들 정말 버릇이 없어. 큰 문제야."

"제가 결정 장애가 있어서요."

우리 주위에서 심심치 않게 들을 수 있는 말이야. 듣고도 문제를 못 느끼고 지나쳤거나 비슷한 말을 무심코 내뱉은 경험이 있을지도 모르겠어. 문제없다고 생각했다면 다시 생각해 보자. 출신 지역이나 국가를 비하하고, 나이로 차별하고, 장애를 조롱하는 뜻이 담겨 있잖아. 저 말들은 모두 혐오 표현이야. 혐오 표현은 다른 사람이나 특정 집단을 무조건 나쁘게 생각하고 차별하거나 상처 주는 말과 행동을 뜻해.

유명인의 잘못이나 실수가 알려지면 이때다 싶어 온라인상에서 꼬투리를 잡는 글이나 혐오 표현이 활개를 치곤 해. 표현의 자유니까 혐오 표현도 인정할 수 있다며 옹호하는 목소리도 있어. 민주주의 사회에서 자유롭게 말도 못 하냐며 너무 진지하다고, 유머로 받아들이라고, 유행어인데 그걸 모르냐고 오히려 타박하기도 해.

표현의 자유는 누구나 자기 생각과 의견을 자유롭게 말하거나 글로 쓸 수 있는 중요한 권리야. 민주주의 사회에서 아주 중요한 기본권 중 하나이지. "나는 이 책 별로 재미없더라.", "△△보다 □□가 춤을 더 잘 춰서 좋아."처럼 솔직하게 말하는 건 표현의 자유가 맞아. 하지만 "이 책이 재미있다니 진짜 취향 이상하다.", "△△는 재능 없다. 민폐니까 탈퇴해라."처럼 말하는 건 대상을 비하하고 인정하지 않는 혐오 표현이야.

누구든 외모, 출신 지역, 성별, 장애 유무, 국가와 민족, 나이 등의 이유로 다른 사람과 차별받지 않을 권리가 있어. 유엔 아동권리협약 제2조와 세계인권선언 제2조는 '차별 금지' 조항이야. 우리나라 헌법 제11조는 모든 국민은 법 앞에 평등하고 차별을 받지 아니한다고 규정하고, 제21조는 타인의 명예나 권리 또는 공중도덕이나 사회 윤리를 침해하여서는 아니 된다고 규정했어. 어떤 이유로도 차별을 금지하고, 다른 사람에게 피해를 주거나 차별을 부추기는 혐오 표현까지 자유라는 이름으로 보호할 수는 없다는 뜻을 강력하게 드러내는 거야.

차별하고 혐오하는 표현들은 특정 집단 전체에 대해 오해와 편견을 만들어. 의도하지 않았다고 해도 무의식 속에 자기도 모르는 편견과 고정관념이 작동해서 혐오 표현으로 드러나는 거야. 특히 어린이와 청소년은 정확한 의미를 모른 채 다른 사람을 조롱하고 비하하는 말을 유행어처럼 따라 할 수 있어.

그런 말을 들으면 잘못한 게 없어도 슬픔과 두려움을 느끼고, 자존감을 잃게 돼. 다른 사람을 싫어하고 미워하는 마음이 커지고, 주변 사람도 믿지 못하게 돼. 더 무서운 건 그런 말이나 생각이 누군가를 실제로 괴롭히고 인권을 침해하는 행동으로 이어질 수도 있다는 거야. 나치의 유대인 학살처럼 역사적으로도 혐오 표현은 대량 학살이나 심각한 인권 침해로 이어진 경우가 많아. 특정 집단을 담장 밖으로 내몰고 서로 미워하

게 만들어서 갈등을 부추기지.

표현의 자유는 우리가 지켜야 할 소중한 권리지만, 혐오 표현을 듣고도 그 생각을 존중한다면서 아무 말 하지 않는 건 비겁한 행동이야. 누군가 혐오 표현을 하면 "그런 표현은 좋지 않아."라고 말할 용기가 필요해. 정의롭게 말하면 친구를 잃을까 봐, 내가 혐오의 당사자가 될까 봐, 소외될까 봐 걱정하는 마음을 가질 수 있어. 하지만 그렇다고 참으면 혐오 표현을 당연하게 여기게 될 수도 있어. 다른 사람의 마음에 상처를 주고 차별을 키우는 혐오 표현은 자유가 아니라 폭력이야.

누군가를 나이로 차별한다면 나도 나이로 차별받을 수 있어. 다른 사람의 출신 지역을 비하한다면 내가 사는 지역도 누군가 비하할 수 있는 거지. 무심코 쓰는 표현에 혹시 혐오가 담겨 있는 건 아닌지 점검하고, 그런 말을 들었을 때 어떤 기분일지 먼저 생각해 봐. 내가 듣기 싫은 말은 남에게 하지 않는 게 맞아.

명령은 무조건 따라야 할까?

명절이면 다림이는 친척들과 모여 만두나 송편을 빚어. 그런데 "넌 방해만 되니까 가만히 있는 게 도와주는 거야."라는 말을 종종 들어. 다림이는 시키는 대로 하는 게 좋을까? 할 수 있는 일을 찾아서 참여하는 게 좋을까? 또 반끼리 하는 피구 경기에서 주장을 맡은 친구가 자기 마음대로 선수를 뽑고 팀을 나누었어. 규칙과 벌칙까지 혼자 정하고 따르라고 하지 뭐야. 마음이 불편해도 반을 위해서 그냥 따라야 할까?

이처럼 일상에서 억울하거나 부당한 지시를 받는다면 어떻게 해야 옳은지 고민스러운 게 당연해. 그럴 때 따를지 말지 자유롭게 결정할 수 있고, 옳지 않다고 말하거나 대화를 통해 해결책을 찾을 수도 있어. 그런데 그 부당한 명령을 국가에서 내린다면 어떻게 해야 할까?

1980년 5월, 실제로 우리나라에 그런 일이 있었어. 당시 권력을 잡은 전두환 신군부는 독재에 저항하는 국민이 민주화를 요구하자 비상계엄을 선포했어. 그리고 반발이 컸던 광주에는 계엄군을 투입해 광주 시민들을 향해 총을 쏘도록 명령했어. 계엄은 나라에 전쟁처럼 큰 위기가 생겼을 때 대통령이 군대를 동원해 사회 질서를 지키는 특별한 제도야. 계엄이 선포되면 군대가 국민의 자유를 제한하고 통제해. 그래서 계엄은 국가 비상 상황에서 쓰는 마지막 수단이야. 만약 법적 절차를 지키지 않고 선포하거나 국민을 억압하려는 목적으로 쓴다면 계엄은 대통령의 권력 남용이 돼.

그때 군인들은 명령에 따랐고, 수많은 사람이 목숨을 잃었어. 훗날 재판을 받은 군인들은 명령을 수행했을 뿐이라고 어쩔 수 없었다고 말했어. 전두환은 끝까지 발포 명령을 부정했지. 하지만 잘못된 명령임을 깨닫고 후회하는 군인들이 용기를 내어 그날의 진실을 밝혔어. 모두가 명령이 옳다고 여기지는 않았던 거야. 잘못된 명령에 무조건 복종하면 어떤 비극이 벌어지는지 보여 주는 사건이야.

2024년 12월 3일에도 비슷한 일이 벌어졌어. 나라가 위험한 비상 상황이 전혀 아니었는데 대통령이 헌법 절차를 무시하고 한밤중에 갑자기 비상계엄을 선포한 거야. 대통령은 국회를 점령하기 위해 군대를 동원했어. 놀란 시민들은 민주주의를 지키기 위해 국회로 모여 군인들을 온몸으로 막았어. 이

때 일부 군인들은 그 명령이 국민을 지키는 것이 아님을 알고 따르지 않거나 소극적으로 명령을 수행했어. 처벌받을 각오를 하고 헌법과 국민의 편에 선 거야. 1980년 광주와 상황은 같지만, 군인들의 선택이 달랐던 거야.

만약 네가 그 자리에 있던 군인이라면 어떻게 했을 것 같아? 군인은 상관의 명령을 따를 의무가 있지만, 그 명령보다 헌법을 수호하고 국민을 보호하는 것이 더 중요한 의무야. 잘못된 명령이라면, 거부하는 것이 정의롭고 용기 있는 선택이지. 결과적으로 이들의 선택은 민주주의를 지킨 정의로운 행동으로 인정받고 있어. 그때 명령을 따르지 않은 군인들은 재판에서 처벌을 가볍게 받을 가능성이 커. 잘못된 명령을 무조건 따랐다면 1980년 5월, 광주에서 일어난 비극이 되풀이되었

을지도 몰라.

문형배 전 헌법 재판관은 퇴임 후 인터뷰에서 헌법 재판소의 윤 전 대통령 파면 결정에 대해 이런 말을 했어. “1980년엔 졌고, 2025년엔 이겼다. 국민이 달라져서 군경이 소극적 대응을 하고 비상계엄이 해제된 것이다. 민주주의가 뿌리내렸기 때문이다. 국민들이 나라를 구했고 재판관은 도장만 찍은 것.” 이라고.

이 말처럼 두 사건의 차이점은 단순히 명령을 지켰느냐, 어겼느냐가 아니야. 그보다 명령이 정당했는지를 판단하는 용기가 더 중요했지. 그래서 “명령은 무조건 따라야 할까?”라는 질문에는 그 명령이 정당한지부터 따져 보고, 부당한 명령에는 ‘아니오’라고 말할 수 있는 용기를 내야 한다고 답할 수 있어.

1980년과 2024년의 사건은 우리가 용기를 가질 때 민주주의를 지킬 수 있음을 증명한 거야.

차별금지법

차별금지법은 말 그대로 차별을 금지하는 법이야. 차별이 옳지 않다는 인식은 있지만, 우리 사회에는 성별, 나이, 장애, 종교, 출신 지역, 피부색, 성적 지향, 임신과 출산 여부 등 다양한 이유로 차별받거나 불편을 겪는 사람들이 많아.

그래서 이 모든 차별을 막고 누구나 존중받을 수 있도록 포괄적인 '차별금지법'을 제정해야 한다는 의견이 나오는 거야. 하지만 제정을 반대하는 의견도 거센 편이지. 이 법은 2007년 국회에서 처음으로 법안이 발의된 뒤, 최근 21대 국회에서도 법안이 발의되었지만 제대로 논의가 진행되지 못하고 폐기되었어. 왜 서로 의견이 팽팽하게 맞설까?

찬성하는 사람들은 우리나라 헌법에 차별을 금지하는 조항이 있지만, 여전히 차별이 존재하므로 더 구체적인 법이 필요하다는 입장이야. 헌법에는 차별 상황에서 어떤 행동이 문제인지, 어떻게 보호해야 하는지는 자세히 쓰여 있지 않아. 그래서 모든 차별의 요소를 금지하는 법이 있으면 무엇이 잘못인지 명확하게 따질 수 있으니 차별이 줄어들고, 차별한 사람을 법적으로 처벌할 수 있고, 사람들이 차별에 대해 민감해져 모두가 존중받는 사회를 만들 수 있다는 거지. 즉, 차별로 인해 불이익을 받았던 사람들이 안전하고 행복한 삶을 누릴 수 있도록 법적인 보호망을 마련하자는 거야.

반대하는 사람들의 입장은 이미 헌법에 있는데 굳이 또 법을 만들 필요가 있냐는 거야. 무엇이 차별인지 기준이 모호하고 범위가 넓어서 하나하나 다 따져서 법을 제정하는 건 불가능하다고 해. 또 사적인 영역까지 세세하게 법으로 간섭하고 제재하는 건 과도하다는 거야. 그리고 종교적 이유나 가치관의 차이로 비판과 반대 의견을 말할 수 있다는 거지. 이 때문에 처벌을 받게 되면 이는 오히려 표현의 자유를 침해받는 거고, 역차별이 생길 수 있어 부당하다고 주장해. 결과적으로 차별금지법을 제정하면 의견을 자유롭게 말하지 못하고 표현의 자유를 억압하게 될 거라는 거지.

하지만 자유롭게 자기 의견을 표현하기 위해서는 나 역시 누군가의 말로 인해 상처받거나 무시당하지 않아야 해. 누구나 상황에 따라 차별받는 위치에 설 수 있어. 차별금지법을 표현을 억압하는 족쇄로만 해석해서는 안 되는 이유야. 동시에 차별을 금지하는 법이 제정된다고 하루아침에 모든 차별이 사라지지는 않을 거야. 법으로 차별을 금지해도, 누군가를 미워하거나 안 좋게 보는 마음을 바꾸기는 어려우니까. 그래도 한 번 더 생각해서 말하게 되고, 정의롭게 행동하게 되지 않을까? 이처럼 차별 없는 세상을 바라는 마음은 같아도 어떻게 차별을 없앨 수 있을지는 의견이 분분해. 여러분의 생각은 어때?

6. 정의란 일상이다

우리 집에도 정의가 필요할까? · 학교에서 발견한 정의 · 정의로운 사회, 안전한 지구 · 우리의 힘을 모아서 지켜 내는 정의

우리 집에도 정의가 필요할까?

'어린이를 내려다보지 마시고 쳐다보아 주시오.'

'어린이에게 높임말을 쓰시되 늘 보드랍게 하여 주시오.'

'어린이들이 서로 모여 즐겁게 놀 만한 놀이터나 기관 같은 것을 지어 주시오.'

1923년 어린이 선언

이 말들은 백여 년 전, 일제 강점기에 방정환 선생님이 어른들에게 한 부탁이야. 그때는 일본이 우리나라를 지배하던 시기여서 인권이 지켜지지 않았고, 어린이는 더더욱 존중받지 못했어. 하지만 방정환 선생님은 어린이도 똑같은 사람이며 함부로 대하면 안 된다고 강조했어. 그래서 '어린이'라는 말을 만들고, '어린이날'을 만들어 어린이를 존중해 달라고 외쳤던 거야.

어린이를 존중하는 마음은 가정에서부터 시작돼. 가정은 어린이가 처음으로 사회를 경험하고 정의가 무엇인지 배우는 곳이거든. 우리나라는 오랫동안 가부장제 사회였어. 가족을 대표하는 남자 어른인 '가부장'이 집안의 모든 일을 결정하는 방식이야. 요즘은 어린이의 보호자를 '학부모'라고 하지만, 예전에는 '학부형'이라고 불렀어. 여기서 '형'은 아들을 의미해. 이 표현에서도 알 수 있듯이 가정은 물론 바깥에서도 남성의 힘이 강해서 여성, 어린이, 노인 모두가 존중받기는 어려웠어. 하지만 지금은 생각이 바뀌었어. 가족 모두가 동등한 권리를 가진 구성원으로 존중받아야 한다고 여기지. 그렇다면 정의로운 우리 집을 위해 무엇이 더 필요한지 알아보자.

먼저 어린이의 의견을 존중해야 해. 어린이는 가족의 중요한 구성원이야. 생명을 유지하며 건강하게 자랄 권리가 있고, 폭력과 학대로부터 안전하게 보호받을 권리가 있어. 자기 생각을 말하고, 감정을 표현할 수도 있지. 여행 장소나 외식 메뉴를 정할 때 어리다고 의견도 물어보지 않거나 남자라서, 여자라서, 첫째라서, 막내라서 라는 이유로 차별받으면 억울하잖아. 어린이가 집에서 자기 생각을 말하고 존중받는 경험을 해야, 학교나 사회에서도 다른 사람을 존중하고 올바르게 행동할 수 있어.

또한 집안일을 공평하게 나누는 것도 중요해. 예전에는 여

성이 집안일을 도맡았고, 노동으로 인정받지 못했어. 하지만 이제는 집안일이 가정을 유지하는 데 꼭 필요한 일이라는 인식이 커졌어. 특히 요즘은 맞벌이 가정이 많잖아. 엄마 혼자 집안일을 하는 것이 아니라, 가족 모두가 자기 상황에 맞게 청소, 빨래, 설거지 등을 나눠서 하는 것이 바람직해. 집안일은 중요한 노동이며, 한 사람에게만 떠넘기는 것은 정의롭지 않아.

마지막으로 노인에 대한 태도도 달라져야 해. 노인을 돌봄만 받는 약한 존재로 여기거나 중요한 일에서 소외하는 건 옳지 않아. 노인도 존엄을 지키며 살아갈 권리가 있거든. 할머니 할아버지는 경험과 지혜를 존중받고, 가족의 중요한 결정에 의견을 말할 권리가 있어.

결국 우리 집에 필요한 정의는 가족 구성원이 서로를 동등한 사람으로 존중하고, 자기 권리를 주장하면서 책임을 공평하게 나누는 것을 의미해. 가족 사이의 대화는 단순히 일상을 공유하는 데 그치는 것이 아니라, 서로 다른 생각을 나누며 화합하는 과정이 될 거야. 가정 안에서 꾸준히 대화를 나누며 서로를 존중하는 법을 깨닫는다면, 어린이도 학교와 사회에서도 불의를 보고 가만히 있거나 침묵하지 않는 정의의 수호자가 될 수 있어.

권리와 의무는 별개가 아니야. 정의로운 가정이 되려면 어른이든 아이든 자기 몫을 다하려는 노력이 필요해. 어린이라고 무조건 떼를 쓰면 안 되고, 어른이라고 무조건 권위를 내세워서도 안 되지. 오늘부터 서로 존중하는 자세로 우리 집을 정의롭게 만들어 보는 건 어떨까?

학교에서 발견한 정의

다림이는 드디어 4학년이 되었어. 전교 학생회장 선거에서 투표할 수 있는 권리가 생겼지. 다림이네 언니는 작년에 열아홉 살이라서 학생인데도 선거에서 투표했거든. 어른들처럼 손등에 도장을 찍고 인증 사진을 남기는 게 얼마나 부러웠는지 몰라. 후보의 공약을 보고 투표해야 한다는 건 수없이 들어서 잘 알고 있지. 과연 자기가 뽑은 후보가 당선될지 투표일이 두근두근 기다려진대.

학교는 우리가 사회의 구성원으로서 첫발을 내딛는 작은 사회야. 교과서 속 지식뿐만 아니라 친구들과 더불어 사는 법, 다른 사람의 권리를 존중하고 약자를 배려하는 마음을 배우는 곳이지. 정의는 사실 거창하고 어려운 이야기가 아니야. 다림이가 학생회장 선거에 투표할 권리를 갖게 된 것처럼 학교생활 속에서 우리는 이미 정의를 배우고 실천하고 있어.

대표적인 활동으로는 학급 자치 회의가 있어. 어린이들이 직접 참여해 학급의 문제를 해결하고, 규칙을 정하는 민주적인 활동이야. 회의할 때 가장 중요한 건 학급 구성원 모두의 의견을 존중하는 마음이야. 다수결의 원칙이 소수의 의견을 무시하는 한계도 있다고 얘기했잖아. 어떤 친구가 다른 의견을 냈더라도 무시하지 않고, 그 이유를 듣고 함께 해결 방법을 찾는 과정이 정의로운 거지. "대다수가 원하니까 괜찮아."라고 생각하기보다 "둘 다 만족할 수 있는 방법을 조금 더 고민해 보자."라고 배려하는 태도가 필요해.

또 다른 활동은 전교 학생회장 선거야. 학교 전체의 대표를 직접 뽑는 과정으로, 민주주의의 가치를 배우는 소중한 경험이지. 인기 많은 친구, 친한 친구, 재미있는 공약만 내세운 친구에게 투표하기보다 각 후보가 내세운 공약을 꼼꼼히 살펴보고 우리 학교를 위해 어떤 선택이 올바른지 고민해야 정의롭지. 다림이가 언니를 부러워했던 건, 단순히 투표하는 행위 때문이 아니라 자기 의견을 주장하는 자격을 인정받았기 때문이거든. 이처럼 학교 정치에 적극적으로 참여하는 경험은 책임감 있는 어른으로 성장하는 밑거름이 돼.

학교에서는 보통 급식 메뉴, 체험 학습 장소, 운동장 사용 시간 등을 정할 때 학생들의 의견을 받아. 모두가 똑같은 것을 좋아하지는 않으니까 서로의 입맛이나 관심사, 요구를 고려하는 게 정의롭잖아.

다림이네 학교에 '장애 통합 놀이기구'를 설치하기로 한 과정을 살펴볼게. 다림이네 반에는 휠체어를 타는 친구가 있어. 수업을 들을 때는 문제가 없지만 놀이 시간에 운동장에서 함께 놀기는 어려워. 그네도 같이 못 타고, 바닥이 울퉁불퉁해서 휠체어를 움직이기에도 불편해. 그래서 학급 자치 회의에서 장애 놀이기구 설치에 대한 회의를 진행했어. 학급 회장은 전교 어린이 회의에서 그 안건을 발표했고, 모두가 찬성했어. 어린이들이 직접 뽑은 학생회장은 학교에 정식으로 장애 통합

놀이기구 설치를 건의했어. 학교에서는 지금 바로 해결하긴 어렵지만, 차차 개선하기로 약속했어. 그 첫 번째로 바구니 그네를 설치해 주기로 한 거야.

어린이들이 직접 목소리를 내어 함께할 수 있는 방법을 찾는 과정은 정의를 실천하는 멋진 행동이었어. 그 노력 덕에 다림이네 학교는 좀 더 따뜻한 공간이 될 거야. 다른 사람의 처지를 이해하고, 의견을 내고, 내가 생활하는 공간을 변화시키는 것, 어린이들도 정의로운 사회를 만들어 가는 어엿한 구성원이라는 게 느껴지니?

정의로운 사회, 안전한 지구

과거보다 지구 온난화가 심해지고, 기후 변화 속도가 빨라지고 있어. 기후 위기의 시대에 살고 있다고 해도 지나친 말이 아니야. 오늘날의 기후 변화는 과거와 달리 시간이 흐르면서 자연스럽게 생기는 변화가 아니라 사람들 때문에 생기는 변화야. 공장 매연, 자동차 배기가스 등의 온실가스가 기후 변화에 가장 큰 영향을 미치고 있거든. 폭우나 폭염, 태풍 같은 자연재해가 잦아지고, 생태계가 파괴되어 지구에 사는 모든 생명에게 큰 영향을 주고 있지.

하지만 기후 변화는 모두에게 똑같이 피해를 주지 않아. 남태평양의 섬나라들이나 지대가 낮은 바닷가 지역들은 해수면 상승으로 피해를 보고 있어. 아프리카 일부 지역은 가뭄이 심해지면서 농사를 짓기 어려워졌어. 공장 지대에 사는 사람들은 매연 탓에 건강이 나빠졌지. 특히 자연재해가 일어나면 장애인이나 노약자는 혼자 대피하기 어려워. 최근 우리나라에서도 봄철 산불과 여름철 장마로 많은 어르신이 고립되었어. 세계 곳곳에서 약자들을 위한 재난 대응책이 필요하다는 지적이 나왔지. 그래서 '기후 정의'라는 말이 생겼어.

기후 정의는 기후 위기에 큰 책임이 있는 고소득 국가가 기후 위기에 취약한 국가를 위해 기후 위기에 더 적극적으로 대응해야 한다는 개념이야. 기후 변화가 저소득 국가의 국민, 그중에서도 어린이, 노인, 장애인 등 사회적 약자에게 더 큰 피해를 주기 때문이야.

산업 혁명 이후 고소득 국가들은 공업을 통해 경제를 발전시켰어. 공장을 가동하려면 석탄, 석유 같은 화석 연료가 많이 필요했지. 그 덕에 사람들이 편리하게 생활할 수 있었지만, 온실가스 배출량이 느는 만큼 환경 오염도 심해졌어. 그래서 고소득 국가가 기후 변화에 더 큰 책임을 져야 한다는 목소리가 커진 거야.

물론 국가적 차원에서의 대응뿐만 아니라 개인이 환경을 위해 노력하는 것도 당연해. 그래도 문득 “일회용품 안 쓰고, 전기를 아낀다고 뭐가 바뀔까?” 고민될 때도 있을 거야. 사실 개개인이 탄소 배출을 줄이는 것보다 기업과 국가에서 탄소 배출을 줄이는 것이 수십 배는 더 큰 환경 보호 효과가 있기도 하고. 그래서 정부와 기업이 더 책임 있는 행동을 보여야 해. 기후 변화는 환경 문제를 넘어선 정의의 문제야. 정부, 기업, 시민이 함께 책임을 나누어야 해.

정부는 기후 약자를 보호하는 복지 정책을 마련해야 해. 기업이 탄소 배출을 줄이도록 법으로 강제하거나, 친환경 기술 개발에 투자하도록 제도를 만들어야 해. 기업은 온실가스를 줄이고, 친환경 기술을 개발하고, 이익을 사회에 돌려주는 방법을 찾아야 해. 시민들은 정부와 기업이 기후 정의를 실천하도록 요구하고, 환경을 위해 할 수 있는 일에 동참하면 돼. 결국, 정부는 공정한 제도와 법을 만들고, 기업은 이익을 내는 것만큼 환경을 신경 쓰고, 시민은 정부와 기업을 감시하며 함께 기후 정의를 실현해야 한다는 거야.

그런데 저소득 국가 입장에서는 억울할 수 있잖아. 이미 경제 발전을 이룬 나라들이야 환경을 보호하자며 각종 규제를 만든다지만, 그동안 발전 기회가 없었던 우리는 이제야 경제가 성장 중이고 화석 연료를 사용할 수밖에 없는데 어떻게 환경까지 생각하느냐고 말이야.

고소득 국가는 기후 위기를 해결할 수 있는 기술, 자본, 교육, 정책 등을 저소득 국가보다 더 많이 가지고 있어. 산업화로 인한 경제 이익을 넘치게 누렸으므로 이제 저소득 국가가 기후 변화에 적응할 수 있도록 기술이나 비용을 지원하는 적극적인 행동을 보여야 해. 그래야 정의로운 사회, 안전한 지구를 만들 수 있어.

우리의 힘을 모아서 지켜 내는 정의

세상에는 혼자서 해결하기 힘든 불공평한 문제들이 많아. 앞서 우리가 살펴본 장애인 이동권 시위나 불매 운동처럼 공감하는 마음과 작은 손길은 정의로운 사회를 만드는 데 큰 힘이 돼. 내 이익만 따지지 않고 모두에게 좋은 것이 무엇인지 찾는 태도가 변화를 이끌지.

이런 태도를 철학자 마이클 샌델은 '공동선'이라는 말로 설명했어. 정의로운 사회를 만들기 위해서는 나 혼자만 행복하고 잘되기보다 모두가 함께 행복하게 잘 살아가는 방법을 찾아야 한다는 거지. 다림이네 학교 이야기를 다시 해 볼게. 6학년들은 복도에서 제기차기를 하면 1학년 동생들이 다칠 수 있다는 걸 깨닫고 규칙의 중요성을 알게 되었어. 또 다림이네 반 친구들은 모두 함께 어울릴 수 있는 운동장을 만들기 위해 학급회의에서 의견을 내서 방법을 찾았어. 모두 공동선을 생각한 모습이야.

연대는 공동선을 실천하는 방법이야. 연대란 여럿이 함께

무슨 일을 하거나 책임을 지는 거야. 혼자라면 두렵고 약하지만, 용기 내어 손을 잡으면 '우리'가 되잖아. 나와 관련된 일이 아니더라도 도움이 필요한 사람들 곁에서 '우리'라는 이름으로 연대하면 세상은 정의로운 방향으로 조금씩 움직이게 될 거야.

2024년 12월 4일, 국회 앞에 모여 군대의 진입을 막은 시민들은 연대의 힘을 가장 크게 보여 주었어. 군인들이 법에 어긋나는 명령을 따를지 고민할 때, 국민의 저항이 힘이 되어서 잘못된 명령에 따르지 않고 맞설 용기를 낼 수 있었지. 국민이 연대하면 어떤 권력도 쉽게 억누를 수 없음을 증명해 준 뜻깊은 순간이었어.

지금까지 정의를 찾아 먼 길을 달려왔어. 나 혼자 잘사는 것이 아니라, 다 함께 잘사는 방법을 찾는 것, '나'를 위한 길이 아니라 '우리'를 위한 길을 찾는 여정이었지. 그 길 끝에서 함께 사는 세상을 만드는 공동선의 가치와 연대의 힘을 발견하길 바랄게.

지구를 위한 정의로운 움직임

기후 변화는 먼 미래 이야기가 아니라 지금, 이 순간 벌어지는 일이야. 그래서 어린이와 청소년들도 기후 위기의 당사자로서 직접 목소리를 내고 있어. 2022년에는 초등학생들이 '아기 기후 소송'을 냈어. 정부가 기후 위기에 제대로 대응하지 않으면 앞으로 살아갈 아이들의 권리가 무너진다고 생각했기 때문이야. 대표로 나선 한제아 어린이는 법정에서 "우리는 생각보다 더 많은 것을 알고, 지금 이 순간에도 자라고 있고 경험하고 있다."라고 말해 어른들을 부끄럽게 했어.

2024년 8월에 헌법 재판소는 정부가 더 적극적으로 기후 위기에 대응해야 한다고 선고했지. 하지만 1년이 지나도 그다지 바뀐 게 없었어. 그래서 소송을 냈던 사람들이 다시 모여 비판 성명을 발표하고 국가 온실가스 감축 목표(NDC)를 상향하고, 행동할 것을 요구했어.

'청소년 기후 행동'도 있어. 2018년 스웨덴의 환경 운동가 그레타 툰베리가 시작했는데, 기후 위기의 심각성을 알리기 위해 매주 금요일 학교에 가지 않고 거리에서 시위를 벌였어. 처음에는 혼자였지만 점점 동참하는 인원이 많아지면서 전 세계로 퍼져 나갔어. 우리나라의 청소년들도 영향을 받아서 결석 시위를 하고, 정부와 기업에 "지금 행동하지 않으면 우리의 미래가 사라진다."며 대책 마련을 요구하고 있어.

기업 중에서도 기후 정의를 실천하는 곳이 있어. 파타고니아는 "돈보다 지구가 먼저"라는 생각으로 의류 회사를 운영해. 옷을 만들 때 재활용 원료를 쓰고, '지구세'를 도입해 수익 일부를 환경 보호를 위해 기부해. 블랙프라이데이에는 "이 재킷을 사지 마세요"라는 광고를 내서 불필요한 소비를 줄이고 재활용하자는 메시지를 전달했지.

이처럼 지구를 지키는 것은 우리 모두의 과제야. 앞으로 다가올 기후 위기의 당사자로서 어린이와 청소년이 지구를 위해 행동할 때, 기후 정의를 실현할 수 있어.